书店不屈宣言

書店
不屈宣言

[日]田口久美子 著

季珂南 译

广西师范大学出版社
·桂林·

小阅读·文艺

前　言

2012年9月，我年满65周岁。因为可以拿到全额退休金，便向公司申请从正式工转为小时工。不是正式员工却担任副店长的职位，这种待遇听着有些奇怪。不过，我和身边的同事们都把它理解为挂名。我在店里干不了几年，尤其家里还有92岁的老母亲需要照顾，只能上早班。然而，身边的同事们却要每天工作到夜里11点，十分辛苦。考虑到这种差异，我向公司提出了减薪的建议，却受到责备说：如果您带头说这样的话，对后辈们没有好处。于是，我现在干着时间缩水的活，拿着职位相当的工资，和年轻的同事们一起继续奋战在书店一线。

我生性节俭，便用"写书"来填满、延长私人时间。这其实是我从很久之前就一直想做的事。我一直思考着书店行业的"过去与未来"。我自认为，像我这样无论是在小型书店还是中型、大型的书店都有工作经验，并在一线持续奋战了40多年的书店店员应该不多。我就像一名孤军奋战的战士，自认为有责任记录下"处于巨变之中的书店行业"的现状。

可每当我提起笔来，却又发觉书店的日常是如此平淡无奇，每天都重复着几乎相同的工作：整理书籍和杂志、归架、核查新书、下单补书、退回下架书籍、导购（我基本不用站收银台，但会接电话或应对店内客人的咨询）、核对库存，等等。这些工作内容耗去了大量的时间。空闲时我会做些活动策划，或更换一些书籍，或和一起工作的小伙伴们聊聊新书的读后感和最近的销量排名，有时还会和出版社的业务员畅谈一番。就这样日复一日，年复一年，日子过得静如止水，几乎没遇到过什么戏剧性的事情（文库版补记[①]　最近多了一项任务：在工作的间隙发推特。书店也迎来了网络宣传的时代。但我与其说是不做，不如说是因为不会）。

然而，试问现在的书店与我1973年刚踏入这个行业时一样吗？与我1976年从东京站附近的小型连锁书店跳槽到大型书店LIBRO（当时是西武百货商场池袋店的书籍部）时一样吗？与我1997年调去淳久堂时一样吗？答案不言而喻。虽然销售行业的基本流程就是采购、上架、导购、销售，流通的基本框架也还是制造业（出版社）→批发业（经销商）→零售业（书店），几乎都是一成未变的，但我能切身感受到在细节上发生了巨大的变化。

回望这几十年，日本的书店规模不断扩大，特别是从20世

[①]　本书于2014年7月由筑摩书房首次刊行。2017年12月做成文库本，进行了大幅增删、修订与追记。"番外篇 何为书店之美"最初收录于2015年8—9月号的《书的杂志》。"顾客至上？"篇是文库本新增的内容。（原书注）

纪70年代后期开始尤为显著。当时已有的纪伊国屋、三省堂、丸善等，还有后来新开的八重洲 Book Center、LIBRO 等，不仅规模不断扩大，连锁化程度也进展迅速。1976年在神户开业的淳久堂书店算是最晚启动扩张的。它在1995年阪神淡路大地震过后的第二年，也就是1996年才开设了第一家难波分店，在那之后，每年都会开一家新的大型分店。淳久堂书店大概是最晚一个从个体经营转型为大型全国连锁店的书店吧。近些年来，再没听闻有其他新开业的大型书店，也没有其他企业跨行业加入书店的案例。自2000年亚马逊登陆日本之后，所谓的"实体书店"显现出颓势。这与出版业整体的衰退几乎呈现出同一态势。

如果说这些是书店的"过往"，那么书店的"未来"又将如何呢？

"真好啊，田口前辈，您顺利退休了。到我们退休的时候书店还存在吗？我们会不会没地方工作了呀？"

年轻店员们的心声虽然没有直白地吐露出来，但我能感应到。不对，那也是我的"心声"。大概没有一个书店店员不担心自己的未来吧。就算"书店"能存活下来，也不会是"现在的样子"吧？

比如电子书籍，读者可以直接下载到终端。这样一来，我们书店店员会不会没东西可卖？

就在前几天，看到一篇报道，题为"美国拥有80年历史的

《新闻周刊》年内将告别纸墨，全面转向数字化"。听说日本版《新闻周刊》暂时还会保留纸质版，但每次看到这一类的报道，心里总会一紧。据说美国正不断推进报纸的电子化，甚至连著名的周刊杂志也无法幸免。而且，在美国亚马逊平台上已呈现出电子书的销量优于纸质书的态势。我身处这股世界潮流中，却止步不前，彷徨失措。

而我任职的淳久堂书店不知何时被大日本印刷这家大企业收购，与老牌书店丸善合并，改名为MARUZEN & JUNKUDO。母公司大日本印刷创立了一家名叫honto的线上店铺，出售电子书籍。"如果书籍电子化不断发展，就必须抢得先机。要是袖手旁观的话，亚马逊的Kindle电子书自然会席卷日本的出版市场。虽然写的是日语，但承载器物是美国制造的，这样真的好吗？到时候谷歌也一定会来插上一脚。我们就这样无动于衷吗？"当有人这样问我时，我只能垂头丧气地答道：不，那可不行。

我还会继续自言自语：但是，书本身应该有它的形状，它是由纸张和油墨组成的。从作者开始，经过各行业人员之手，最终传递到读者手中。这个传递过程的最后一棒正是我们这些书店店员。我们希望书店能发挥它的作用：把书展示在合适的位置，帮读者找到它，并亲手交给他们。

我每天都怀揣着这样的想法在书店持续工作着。

本书开头会介绍一些我作为一名书店店员的日常工作，主要内容是采访淳久堂的员工，对他们各自所负责的部门现状进行了梳理。

我从2012年年底开始动笔，于2014年1月底完稿。这样看来，我的2013年就像是巡礼的一年（好似村上春树的作品名[①]）。都说巡礼是为了赎罪，而我赎罪的根源（完全不带有宗教意味）在于，我踏入了书店这个行业，它让我的人生变得充满活力，但我却没能把这股"激情"传递给下一代，这令我悔恨不已。

但我想，如果读了这本书就会明白：我所遇到的每一位书店店员都不曾放弃。他们虽说对书店的未来心怀不安，但一说到"卖书"这件事总是一股兴奋劲儿。站在销售最前线的人们如此充满热情地售卖的"东西"，难道真的会像坊间传言的那般轻易消亡吗？我心里还是充满信心的。

每一位店员述说卖书故事时的劲头，成了我继续这场巡礼的快乐源泉。真希望这份快乐能永远相伴左右。

文库版补记　2014年3月母亲去世了，享年93岁。家里养的猫变成了两只，总是打架。今年（2017年）9月我将满70岁。另外，在文库版中重新改写了单行本的最后一章。只能说四年的岁月给出版、书店行业带来了巨大的影响。

---

① 村上春树于2013年出版了长篇小说《没有色彩的多崎作和他的巡礼之年》。（编者注）

目　录

书店人生从『杂志』启航

——杂志专区的今昔

　　我的书店人生是从"杂志"开始的。1973年，也就是40年前，穿过东京站八重洲口的环形交叉路口，沿着通往丸善的路向前走，第二栋建筑里有一家书店，在小楼的一层，叫KIDDY LAND八重洲店。面积大概30坪[1]，进门右手边是柜台，正面是新书区，左侧墙架上依次摆放着杂志、实用类书籍、商务类书籍，右侧墙架上以小说为主，正中间的书架两侧基本是文库本[2]，有少量儿童读物。这是当时商业街上的小规模书店里很典型的商品种类。现在要是在这儿开一家同样规模的书店，要砍掉一半以上的小说读物类书籍，为的是给杂志腾地方。不不，首先，在这里经营书店本身就很困难。40年前，在书店附近还有些当地的小商店，虽然屈指可数。

---

[1]　1坪约为3.3平方米。（译者注）

[2]　日本一种独特的书籍形式，统一规格为A6大小、105mm×148mm，封面软装，一般作为丛书发行，具有价格低廉、便于携带的特点。（编者注）

书店营业时间是早上10点到晚上8点，包括店长在内有五六个店员。30坪的地方有五六个员工，而且都是正式工，还在房租那么高的地点，想想书店的利润率就知道经营不易（放到现在可以和便利店做个比较，应该就有概念了）。而且，附近有几家同规模的书店，和超大型（当时）书店丸善就隔了大约100米。现在闭上眼睛回想一下，记得当时虽然顾客络绎不绝，但从没有过店内满满当当的情形。即便如此，在我任职的三年里，从没接过上级指令说因为连续亏损而要调整库存，所以应该是勉强能维持运营吧。当时还是职场新人的我只能看到眼前的工作，至于书店的经营嘛……

我跳槽（1976年）到西武百货商场书籍部（之后的LIBRO）的几年后，KIDDY LAND八重洲店就关门了。忘了具体是哪一年了，但我想是受了1978年八重洲Book Center开店的影响。自那之后，KIDDY LAND公司开始从经营书店逐渐转向利润更高的"玩具"行业了（虽然是书店出身）。

在20世纪70年代，稍微有点财力的书店都朝着连锁化目标发展，不断地开出分店，试图存活下来。我曾工作过的KIDDY LAND也赶上了这股风潮，开了这家八重洲分店。在70年代到80年代这段时间里成功实现连锁化的书店存活了下来，尤其自80年代开始，纪伊国屋、三省堂等大型连锁书店在东京等国内主要城市接连不断地开设大型分店。这使得小型书店的经营举步维艰，比如KIDDY LAND八重洲分店就被八重洲Book Center吞并了。另外，在全国的主干道沿线不断冒出同时出售CD等音乐相关商品的书店，冲击着原有的老书店。但是，直到1996年，书店行业整体的销售额一直呈现增长态势。泡沫经济破灭后，不同规模的书店渐渐实现共存。然而在2000年末，亚马逊这艘黑船登陆了日本。无论大型书店还是小型书店，业界整体的销售额急速下滑。不过我不能太着急讲后面发生的事情。现在还是先讲讲我在 KIDDY LAND 八重洲分店这家小连锁店的狭小的杂志专区工作时的故事吧。

我是在店铺开张不久后就被派来工作的"新人"。我想当时的管理层兴许是打着这样的算盘：一个刚毕业的大学生多少有点心高气傲，而且还是个女生，被分配到书店这种干体力活的地方，一定用不了多久就会辞职吧。是呀，像我这样的员工是挺难使唤的。然而，谁能想到这份工作很合乎我的性情，工作起来十分带劲！所以上级领导们也就放弃了之前的想法，转念认为要是我能力很强倒也不错。可是，就在他们把我培养成能独当一面的员工时，我却挥一挥衣袖跳槽了！

回想在 KIDDY LAND 的那段时光，我不仅通过杂志专区学习到书店工作的基本，还结识了后来深交多年的朋友们。在 LIBRO 设立"今泉书区"而掀起80年代新风潮，并成为业界（即使是现在仍有很多"书迷"怀念那段天天跑去 LIBRO 看书的时光）话题的今泉正光，在作家须贺敦子晚年时期相伴左右的丸山猛，都是在这里相识的。

我不会忘记当得知我所敬爱的作家须贺敦子和友人丸山竟有着深厚交情时的震惊。当然也不会忘记，我通过丸山的引荐见到了须贺敦子女士。我记得是在1996年11月或12月的时候，《尤瑟纳尔的鞋子》（河出书房新社，1996年10月）发售后不久。因为当时我得到了须贺敦子女士的签名。也因为依照作家年谱，须贺敦子女士于次年1月住院接受了手术治疗。见面那天，须贺敦子女士和我聊了好几个小时，说了她在意大利的生活、死去的丈夫，还聊到她的书和现在的生活状况。我们还在分别时说好要再见的！但须贺敦子女士于1998年3月逝世。听说丸山当时一蹶不振，好长一段时间都不和周围的人往来。许久之后我才听他说："我没想到自己是那么不堪一击。"

回到杂志的话题。

从坐办公室转职到书店干体力活的我，当时觉得自己已经干得很卖力了。然而过后回想起来，才知道那时的工作量相比之后的LIBRO杂志专区，根本就只是"清闲的轻度工作"。不过当时的我自然不知道后来会发生的事情，只知道每天被前辈催着："杂志就是求快！要快！"忙得团团转。在书店开门前的30分钟到1小时内，我们要把堆积如山的捆包杂志用小刀一个个解开，对照票据核对数量。还要依次撤下要退回的杂志，再依次放入新的杂志，边替换边核对退货数量。在摆放的时候还要记下有哪些杂志看似好卖，架上放不下的杂志要收进仓库。冬天会更辛苦，因为店外也需要摆一些杂志。而且周刊杂志、商务杂志这些畅销品都要摆在外面。在这里工作的三年里，每年冬天必感冒。

无论如何都一定要赶在开店前把杂志迅速摆放整齐。我们还有所谓的"5、10之日",这是因为大牌杂志的发售日一般集中在1号、5号、10号、20号、25号,而且多数在月底。我至今都无法理解,为什么相同种类、相同读者群体的杂志,比如已停刊的《妇女俱乐部》《主妇之友》《主妇与生活》,还有仍在发刊的《群像》《文学界》《新潮》都选择在同一天发售?我想应该是有一些理由的吧。但身为负责上架的员工,在刚开始的时候疲于钻研的是要如何将这么多本杂志摆放进狭小的书店的一角。还有,为什么才发售一两天的杂志就要从主架撤出?尤其到了月底,很多杂志挤在一起等待上架,实在令人焦躁。

而在渐渐习惯之后,我发现杂志卖得好不好,基本在发售当天,最迟到第二天就能见分晓。这两天如果卖不出去,就几乎没戏了。因为即使人流量再大,通常一半以上也都是常客。购买杂志这种定期刊物的顾客都是非常清楚,或是通过广告得知发售日的。在这两天里卖出一半以上的杂志基本会脱销,尤其是娱乐性强的杂志。而越是专业性强的杂志,销售周期就越长。之后我在 LIBRO 又发现书店越大,销售周期越长。最关键的是,在日本无论什么领域都有杂志!一开始我真是连连惊叹。虽然忘了当时具体是哪本杂志,但就在前几天,当我在《书的杂志》2013年2月号中看到《月刊下水道》《月刊锦鲤》和 J-RESCUE 的总编座谈会时,又回想起当初惊讶的心情。

现在想想,我那时学到的只是"杂志销售的常识",但凭借每天的工作积累一点点成长起来,实为一桩快事。

除了摆放杂志以外,还有很多其他的工作要做。要站收银台、拿着账本核对卖出的数量,还要补货、下追加订单(不过由于销售期短,会出现补货后一本没卖出去的情况,所以这块儿的技巧十分难掌握)。还有所谓的"定期改正",即变更进货数量重新申请(这也很难做到符合预期),还要找空档处理退货。负责杂志的员工在书店营业期间要站柜台,这里便成了我的领地。我会在里面观察书籍的销售情况。当时的最畅销男作家是司马辽太郎,女作家是有吉佐和子,他俩的作品销量都十分惊人,称他们为"国民作家"也毫不为过。

每次回忆这个时期时,我都会跟年轻的晚辈们说:"他们的销量和村上春树一样好。"但我一直觉得村上先生不是"国民作家"吧。要说有什么不同,就在于村上先生是"世界作家"啊(当然这并不代表村上先生比那两位作家厉害)。祝愿村上先生早日拿到诺贝尔奖。

一天时间转瞬即逝,但就算每天工作到筋疲力尽,我也十分快乐。想想会发现,杂志是"让我们了解生活中的各种必需品的入门装置"。无论是社会、经济的状况,还是文学、电影、音乐等教养(教养这个词是从什么时候开始不再被使用了呢?),抑或是烹饪、生活方式等,日本的所有情况在那个时候都是通过"纸"这一载体呈现的。而我的快乐应该就在于每天把这个载体传递给顾客吧?不不,那个时期应该更单纯一点。我的快乐就源于只要认真工作,业绩就会提升。

日本的出版业一直到1996年都在不断发展。所以,也许我确实是努力工作了,但在那个时期无论是勤奋工作还是偷点小懒，无论是大书店还是小书店，无论谁、无论何处的业绩都在攀升。而且比起书籍，杂志的发展幅度更大。而现如今就大不一样了，就算你拼命做好细致的库存管理工作，或是策划活动，销售业绩也很难见到起色。

那时候创刊的杂志接连涌现：1970年的 *an·an*，1971年的 *non-no*，1972年的 *PIA*、《现代思想》，1973年的《宝岛》，1974年的 *PLAYBOY*，1975年的 *JJ*，1976年的 *POPEYE*，1977年的 *CROISSANT*、*MORE*、*rockin'on*，等等。对我冲击最大的是刊登在《文艺春秋》1974年11月号上的立花隆的"田中角荣研究"，它让我真切感受到社会的变革。

我跳槽到 LIBRO 是在1976年。我记得当时的杂志发行品种依照目录估算约有2500种（实际是2814种）。而如今还有多少种呢？从淳久堂杂志部门负责人小高那儿得到的回答是"大概3000种"。后来她补了一句"不过曾经一度达到4500种左右"。顺带说一下，到20世纪70年代末，杂志和书籍的销售额比率一直处于不相上下的状态。而进入80年代后，杂志完全超越了书籍。到了90年代，杂志销售额达到书籍的1.5倍左右，占领绝对优势。2000年以后，两者销量持续下滑，但杂志仍旧保持优势。调查结果（出版科学研究所）显示，1989年出版物的销售额超过2万亿日元，逼近2.7万亿日元。而在2010年落回2万亿日元以下，2012年是1.7398万亿日元（与1985年几乎持平），其中杂志是9385亿日元，书籍是8013亿日元。再对比2012年的亚马逊总销售额7300亿日元（其中出版物占20%？），差距可不止一点，实在令人悲观（2013年，1.6823万亿日元，同比减少3.3%，其中书籍7851亿日元，同比减少2.0%；杂志8942亿日元，同比减少4.4%）。

相对于销售额，在库存负担上，杂志是小于书籍的（周刊杂志的周转率一流）。而且杂志有固定的读者群，印刷册数多于书籍，小型书店也能拿到想要的配额。因此，小型书店的杂志占有率持续增长。KIDDY LAND 八重洲店如果一开始就提高杂志比率的话，也许就不会那么快倒闭了。

如今，杂志的销售额持续下滑，小型书店又将如何经营呢？现在小型书店里的杂志销售额占总额的50%以上。

文库版补记　2016年的出版物销售额是1.4709万亿日元，长年领跑的杂志（7200亿）被书籍（7300亿）反超了。这件事情我会在"顾客至上？"这一章节中详细说明。顺带说一下，综合商社亚马逊的销售总额约为1.2万亿日元。

我本想在向淳久堂池袋分店的杂志专区负责人询问现状之前，先梳理一下过去的情况，没想到写了这么长一段。在此恳请各位读者谅解。下面聊聊杂志专区的现状。

小高聪美是在2005年进入淳久堂池袋店工作的。她原本想成为一名钢琴家，从金泽来到东京上大学，但梦想夭折。后来她转念想当书店的店员，因为从中学时候起就喜欢看杂志，她想做和杂志相关的工作。

"你那时都看些什么杂志？"

"*Zipper*、*CUTiE*、*rockin'on* 之类的，一本杂志要翻看好几遍。当时为了参加高考，第一次来东京。在一家书店里看到了 *MEN'S NON-NO* 和 *GINZA*，就感叹：哇，这里就是东京啊！之后，我还成了 *STUDIO VOICE*、《流行通信》《广告批评》这些文化杂志的铁粉，常常买来看。所以当被分到淳久堂的杂志部门时，我真是开心得要高呼万岁了。"

小高的回答很出乎我的意料，因为我一开始当书店店员的时候对杂志毫无兴趣。而且，新进员工中很少有人能被分到自己喜欢的部门。因为大多数想成为书店店员的人都是喜欢看小说的，甚至其中还有人认为除了小说，其他的都不算书。还有一些人喜欢音乐、电影等类别，应该叫人文思想型？不过最多的是原本想做编辑，尤其是文艺类的，但后来放弃了，退而求其次成了书店店员。但是，一开始就把"沉迷小说的新人"分配到文艺部门的话会有点危险，因为他们会想方设法设立一些带有强烈偏好性的书区。虽说设立"偏好书区"来创立书店的特色就像买彩票一样，也许会中大奖。那位"人文书的今泉正光"最开始也是从学习参考书做起的。

在淳久堂，几乎没有人会从一开始分配到的部门再被调走。管理层坚信这是培养各部门专业销售员的捷径。而且近几年开设新店的速度加快，导致越发有必要培养各领域的核心员工。尤其像池袋店这样的大店，说得夸张一点，新进员工最开始被分配到的部门很有可能成为"永远的栖身之处"。

　　不过小高的情况比较特别，进公司的时候刚好碰上杂志部门缺人，她又是鲜有的因为喜欢杂志来应聘的，所以就顺理成章地被分到杂志部门。

　　"不过杂志是书店工作中最辛苦的对吧？一本就很重了，还是成捆地进来。"

　　"是呀。特别是月底，光是点货（对照票据核对进货数量）就能把人累到半死。尽管和我刚进公司时相比，员工多了，（稍稍放低声音）但销售额却大幅减少。"

　　据小高说，杂志的进货数量相比7年前她刚进公司时少了将近一半。以前到了月底，每天会有近300捆杂志入库，而现在只有150到200捆左右。她继续说道：月刊《文艺春秋》也减到80本了呢。过去随随便便就超过100本。不过，公布芥川奖的那期会进300本，尤其是大家热议的作家获奖的话，杂志就会大卖。

　　"那为什么还要增加人手呢？"

　　"因为追加订单要小心谨慎，过期杂志的销售也需要花力气，还有展销会要办。另外杂志专区以外的工作，比如一楼的柜台业务也需要我们支援。"

　　听上去小高是想强调，因为尽力扩大了工作范畴来赚钱，所以销售额并没出现大幅（也就是减半）跌落（实际数字也证实了这一点）。进货数量减少的首要原因在于杂志发行量本身减少了。最常举的例子就是《周刊少年 JUMP》。《JUMP》的鼎盛期是1995年，当时的发行量是653万册，而2011年减少到一半以下，只有278万册（2016年底是200万册）。而且漫画杂志以外的杂志中没有超过100万册的。2012年卖得最好的《周刊文春》也只有71.5万册（2016年是65.9万册）。

经销商（决定书店的杂志配额的不是出版社而是经销商）面对本来就很严峻的退货率问题，也变得更加敏感了。配发书籍的对象书店也越来越少，尤其是小型书店。整个出版行业都在不断萎缩。

这么说来，前阵子还能看到附送赠品的杂志，比如一些女性杂志里会附赠名牌小袋和包包。这种杂志最近也在减少呢。尽管女性杂志有一段时间因此卖得很好。

"那叫 BRAND MOOK。每家书店都会用展示附赠的方式，也就是通过告诉顾客'这期附赠这个哦'来吸引顾客购买。最先是宝岛社的 *Sweet* 开了这个头，后来讲谈社的 *With*、小学馆的《美的》等各大老牌杂志社都拼命效仿。女性不会特别局限于某个喜欢的品牌，即使平时不穿圣罗兰女装，但看到杂志附赠小包也会买的，所以当时掀起了一阵风潮。不过这股风潮并没有影响男性杂志，因为男性比较重视杂志的内容。来我们店的男性顾客比女性顾客多，所以我们没太去追这股潮流。而隔壁的 LIBRO 因为读者群体是女性，所以大张旗鼓地展示着附赠内容。"

"为什么这股风潮最近消失了呢？"

"大概是因为顾客厌倦了吧。包包、袋子什么的家里也不需要太多嘛。"

尽管如此，杂志所具有的"实物感"是人们无法通过网上

淳久堂池袋总店20周年纪念 店内展示图 ①

（绘者 斋藤加奈）

SINCE 1997

邮编: 171-0022
东京都丰岛区南池袋 2-15-5
电话: 03-5956-6111
传真: 03-5956-6100

营业时间
周一～周六 10点-23点
周日、节假日 10点-22点
全年无休(1月1日除外)

JUNK
IKEBU

stuben

mur mur

MJ BOOK cafe

还有大屏幕。

在B层的里侧有个小吃店,总是深受喜爱的喝咖啡的有。
这里还是签名会的会场。

小出版(little press)书苦很有意思!
杂志和书籍摆在一起,就摆摆的。
1号书架 你也许会遇到一本未来见过的书!

POPEYE

てくり 23

つるとはな

暮しの手帖

这里还有许多杂志的过期刊号,找找看您想要的那一期吧!如果找不到,请问问店员。

1F 雑誌

2号书架 右侧有同人志专区。在漫画和插画同人志的展销会"comma"上,设有淳久堂的外勤销售处!

map

层内是书区、收银台、服务台。在1层/层可以结账、鉴定有...服务台提供包装、试版等等服务,欢迎咨询。1层的店员较多。

在B层没有的"商品册"页有最新刊分发主各楼层。那还顾客订购的商品。算不可或缺的幕后英雄。

墙壁上这里有教授电子画、漫画的画法。还有法语漫画、美国漫画(日译版)等外国漫画。

B1F コミック

这里还有手冢老师亲手绘制的玻璃画。找找看吧!

精神世界这里摆放

书区各处都有作者老师的签名物件,也许会有您喜欢的漫画家的彩绘哦。

游戏攻略书也在B层!

KUDO KURO

20th Anniversary

男洗手间: 4、6、8F
女洗手间: 3、5、7F
内设残疾人用台间: 7、8F、B/F
多功能洗手间: B/F

2017.7 绘制

3F 文艺

23-25号书架:
诗集和歌集。

诗集、外国文
学书籍是B工的丰富
内容藏得之天丰富
其实在天未区
内都是数一数
二的!
清您一�来看
一看!

海外文学在A8
号书架。
最近增华A倒成
一大倒。

BOOKS
BOOK SHELF

给喜欢看书
状态的来店的便用
仔在的便,有天
书籍的书区
一号书架

乘坐电梯
下到3层,
有先映入
眼帘的是文
艺图书的新
刊话题书籍。
可以了解到当
前文艺图书的流
行趋势。

实用 2F

人文
F

学、思想其路
许会他们路名
仔,许多话
题,需关
们去翻动
了!

墙字D摆满了其他
出版有的各种漫画。

店内还出售制
于制作节板剧
功的城堡。书架回

效果很好的量子。

墙上
有时
会联
合新
的发展

GAMES WORK SHOP
的速保模型(miniature)
设计的游戏。

这里还售卖给速
保模型上色的颜料
和笔。
19号书架

列索时刻表的店铺,在整个未来
都很少见。
我们的商品里有"货物时刻表"!

格斗术、武术的
DVD在这儿买。

盛
付秘
伝

京味の
焼きもの

K-1 WORLD GP

这里有在其他
店买不到的尤
喜欢久宝限定
书籍,比如宝卡之宝
狂叔书籍的君字——栗田
店的名著都寄到本寄

旅游指南在之岛
KURURU、MAPLE等

日本自1997年起书籍销量、实体店开始不断减少。这本书记录了一位在大型书店工作的女店员，在生产知识的出版业与追求销量的零售业的夹缝之间，如何面对每日的工作，寻找工作的价值。

在纸书不断被唱衰的今天，这本以书店为主题的书能被翻译、出版，我感到非常高兴。相信中国依然有不少热爱纸书的读者吧。真的太好了，非常感谢。

——田口久美子

购买获得的。所以不一定要是"名牌货",以后杂志里也可以附带一些象征日本文化的附庸风雅的东西。儿童杂志几乎就是靠这个打开销路的。

"但是面向各学年学生的学习杂志已经只剩下《小学一年级》和《二年级》了。"

我觉得最近男性杂志和女性杂志之间的差别越来越不明显了。

"没错。有男性顾客会买《生活手帖》,也有女性顾客会买 *MEN'S NON-NO*。总之只要喜欢那期里的专题内容就会购买。"

小高提到了好几次:杂志就靠专题。就连40年前的我也一定会查看早报的杂志广告和电车里的广告,看到有意思的专题就会在心里预测:这个专题的杂志一定会追加订购的。可见专题内容会对杂志的销量产生很大的影响。

"我特别喜欢整本是一个专题的文化杂志,比如 *BRUTUS* 和 *Pen*。另外还有 *COURRiER Japon* 和 *TRANSIT*,这些杂志的主要读者群体是好奇心旺盛的年轻男性。专题的内容直接影响杂志的销量(也就是说核心读者比率低于其他杂志?),正因如此才会特别对质量提出要求,这种认真做杂志的态度真棒。我觉得大概是 *POPEYE*(1976年创刊)培养出来的一代读者,现在正在从事这类文化杂志的编辑工作吧。"

POPEYE 呀,我记得创刊时引发了极大的轰动,就像是"美式生活"一下子涌进了日本。"City Boy"之类的词汇就是

来源于此吧？虽然我们参加过"全共斗"①的这代人表现出了不屑的态度：哼，什么美国嘛。但有很多男孩受到了冲击。而且POPEYE的生命力延续至今，它培养起来的年轻人现在成了做杂志的核心成员！杂志文化就是这样传承下去的吗？

"是的呢。杂志应该要能窥探到总编的姿态才行。商业杂志主要是打广告，所以窥探不到其背后的样子。我认为能显现编者姿态的才是好的杂志。"

"但是我觉得现在的杂志几乎没有这样的吧。"

"是的。不过要是没有大牌的商业杂志，杂志产业就没法存活。但是最近（从2007年左右开始）Little Press 的杂志增加了。"嗯？那是什么？

"就是单人或几个人合伙出版发行，不走商业路径（出版社、经销商、书店）的杂志（直接送到书店）。最有名的是大桥步出的 Arne，不过现在已经停刊了。当时在我们店卖了200本左右。还有服部 MIREI 的 murmur magazine，卖得好的时候有300本左右哦。"

"那不是比《文艺春秋》卖得还好？"

"是呀。就靠口口相传说'这家书店有卖'，会有特意来我们店里买这本杂志的客人。"

"原来如此。不过现在是博客时代，不用花钱做杂志，只

① 1968—1969 年发生在日本的学生运动，提出过"大学解体""自我否定"等主张，以路障封锁、罢课为斗争手段。后被镇压。（译者注）

要写在博客里，说不定能拥有更多读者吧？"

"并非如此。他们更愿意选择纸质版的杂志，因为想给真正愿意花钱的人看。而且做杂志这件事会变得越来越简单，只要会电脑就行，对吧？所以我觉得这种趋势会持续下去的。"原来"纸质版"更好呀。

"Little Press 有专职的编辑吗？经营上没问题吗？"

"我觉得可能不行。虽然有不亏本的杂志，但一般都是当作副业在弄。"

正如小高所说，这种个体发行的模式也许就是杂志的原点，为杂志的存活提供了一种可能性。可有一些人是靠着"大格局言论"生存的，这种"大格局言论"是依靠大型商业路径流通的。我觉得日本需要让这一类杂志成为主流，但是这一类杂志已经渐渐不是"纸质版"了。书籍也面临同样的情况。

很多杂志都停刊了，还没停刊的也因失去了之前作为主要收入的广告赞助而减少了发行量。虽然无法阻止大的趋势，但小高作为书店里的杂志负责人，正努力思考着杂志的"续命法"。

"我们是站在'售卖'的立场上，所以只能通过尽量多卖一点来支持杂志这个行业。我们能做到的杂志宣传方法，就是采购各类杂志和大批量地售卖过期杂志。我相信如果一整面墙都用一种杂志填满，就会吸引顾客的目光，成为一个切入口，让顾客觉得'这里有好看的杂志'。"

淳久堂池袋店的一楼杂志专区腾出了一整面墙作为杂志的

展示区。除了杂志以外，有时候还会摆放美术展的展品目录等。

"现在出版社都不会保留过期杂志，因为要花钱维护。大多数杂志都有广告收入，说得极端点，即使卖得不好也有利润。"

"但是如果卖得不好的话，就吸引不到广告商了吧？所以现在就是广告收入和销售额都很低迷吧？"

"没错，形成了恶性循环。我也没什么立场去说三道四，撇开这些不谈，如果杂志有广告收入就有价格优势。但是这些体量又大又不值钱的杂志是否值得花钱去保管？过期杂志说到底就是卖剩下的，发售时都没卖出去的，现在更没指望，花钱就是浪费。而且好像还有税费的问题，会被列入资产中。因为这些理由，出版社最多保留两年过期杂志，不过专业性强的杂志除外。"

"那退回去的杂志基本上都会被销毁吗？"

"是的，经销商会直接销毁。所以我会选好几种杂志，比如《艺术新潮》、*BRUTUS*、*COURRiER Japon*，在退货的时候预先留几本，平时就摆放在架子上。另外就是刚才说的，每个月会大办一场过期杂志的展销会来宣传杂志的优点。"

也就是把杂志当作书籍来售卖。

"因为是大型书店，所以能做到这些。实用类书籍、艺术类书籍和理工类书籍的书区，几乎所有的书区都摆着大量的过期杂志吧？"

"是的，我想这就是我们的职责。"

"那你刚才说的杂志的优点，具体是什么呢？"

"嗯……大家都认为杂志可以为人们整理并提供新闻。直到前不久，它作为一种媒介来传播信息的速度还仅次于广播、电视和报纸。虽然速度稍微慢一点，但杂志提供的是'整理好的信息'。但现在完全被网络、推特、SNS 的势头压倒，都说信息的价值在于速度，我觉得人的感觉和感知力跟不上这种速度。原本人类的速度是很慢的。而且现在信息膨胀，大概就是这个原因吧，我们会很快忘掉看过的信息。从这点来看，我觉得杂志不仅能提供'整理好的信息'，还能提供'可以顺便了解的其他相关信息'，承载着'看似无用但过后又能起到效果，因为花费了时间所以收获满满'这样的希冀。虽然不是所有杂志都是如此，但至少良心杂志是以此为目标的。"

"这种良心的表现，就是所谓的能看到总编姿态的杂志对吗？"

"对，我是这么认为的。"

我很能理解小高的说法，书籍也是一样的。然而现如今，世界已经倾向于重视信息的"直接、高效、速度和倾销"了，我们还能力挽狂澜吗？但即使希望渺茫，小高，还有（几乎不看杂志的）我都不想就此屈服，我们要在从制作到售卖的各个环节下功夫，来帮助杂志存活下去。

日本的杂志涉及各个领域，这在世界上是少有的，比如文学，比如时尚，比如音乐的各个类别、体育的各个项目，社会，经济，法律，计算机、机械工学，还有令我吃惊不已的锦鲤，等等。如果现在发行的杂志有3000种的话，其中至少有500种发行的是无聊的（也许吧）内容。而我相信正是这种多样性支撑着日本丰富的表达。并且杂志里的信息是需要花钱买来看的。也就是说杂志这个媒介满载着值得花钱交换的信息。

时尚杂志因为有很大的读者群体，所以应该很容易接到广告。文化类杂志因为崇尚专题，所以大概很难有固定的广告。Little Press 采取的发行方式则是针对那些喜欢朴素却丰富的慢生活的读者群体。各类杂志都会依照自己的特质来选择适当的创作风格和流通方式。

我身为书店店员，还有个自私的愿望：我希望大家在想买一本自己喜欢的杂志时，一定要去附近的书店购买。不是点击鼠标在网上购买，而是走出家门，去杂志销量占一半以上的小书店购买。

文库版补记 现在，杂志进入了数字化时代，最切身的例子就是"电子书包月阅读"这个服务。这比花钱买纸质版的杂志划算太多了，所以听说很受上班族的青睐。这也是纸质版杂志销量急剧下滑的一大原因。更讽刺的是，据说使用这个系统的有很多是出版业界人士。也就是说，我们自己亲手在把纸质版杂志推向坟墓。

关于数字杂志，在后文中会和书籍一并讲述。

再补记一句 小高聪美今年11月待产休假。

我会永远留在这个行业

——漫画、轻小说的陈设

　　漫画部门的田中香织在我的上一本书《书店繁盛记》（白杨社，2006年）中也接受了采访。我从一个小型书店做到出售人文类书籍的大型书店 LIBRO，之后又到更大规模的、出售各类专业书籍的淳久堂，却对排名世界第一的亚文化——漫画知之甚少。在上一次采访中，曾被田中揶揄说："你大概没把漫画当回事吧。"当时挺受刺激，有点不知所措。而且正好从田中进公司那年（2001年）开始，在淳久堂漫画专区的"轻小说"这一文艺类新物种（仿佛听到田中的声音"看你，又这么说"）不断成长，稳稳地占据了市场。这充分让我感到自己上了年纪。

　　"不过田口前辈，我当时也很抗拒呢。"田中笑着说道。

　　她接着说："自那以后我也经历了很多事情。记得田口前辈当时对我说过一句话：'你是抱着想赢的心态在工作，而我们这一代一直是抱着不能输的心态在工作。'现在我终于能领悟到其中的含义了。"

　　我在像田中这么大的时候，日本经济正蓬勃发展，销售额增长是再自然不过的事了。那时的我们一心想着不要让业绩下滑（也就是不能输），还想按照自己的想法创设一个书区，但这个书区不能被顾客认为是自以为是的。换句话说就是想创设一个不会打败顾客但也不会输给顾客的书区。最好的范例就是"今泉书区"。我当时想传达给田中的大概是这么个意思。也许田中有她自己的理解吧。

"不过，淳久堂的漫画专区不是很成功吗？原本主要是卖专业类书籍的，结果漫画销量如此之高，估计老板都没想到吧？"

"嗯……也并不是这样。如果更用心管理的话，应该会卖得更好的。"

是啊，淳久堂每次开新的分店都会外调田中过去，所以田中已经有一段日子没在池袋店里了。

"不过，这两年都有新人进来，所以稍微轻松了一点。我当上了销售总部的漫画负责人，出差少了，待在店里的时间多了，所以最近的销售额比较稳定。"

哦，这样啊。在出版业不景气的时代里还能保持业绩稳定呀？

"是的。池袋店的销售额最高记录是2008年[1]，之后每况愈下。但大概从去年秋季开始不是稍微有点好转了吗？漫画的销

---

[1]　日本的书店销量在 1996 年达到顶峰后持续下滑，但因为池袋店是在 1997 年开张的，所以它的销量顶峰延迟到了 2008 年。（原书注）

量动态基本和书店整体的情况保持一致，但漫画销量的上升幅度更大。"

原来如此。之后我去查看了具体数据，书店整体的确是从去年秋季开始，逐渐出现一些月份的销量超越了前一年同月份的情况，但与2008年的业绩相距十万八千里。我原以为所有部门的情况都是一样的，但漫画的上升态势令人感觉和2008年有的一拼。

"刚进公司的时候，漫画占总收益的8%，2008年是10%，现在高的月份能达到13%。"

"哇，你真的会很用心地比对数据啊。"

"对，我一直很关心数据。"

"不过，这是不是说明在整个出版业里，漫画相比其他类别的书籍更能抵御低迷环境的影响呢？虽然是相对而言的。店里有《航海王》[1] 这样的作品，而且漫画专区还有正不断发展的轻小说。"

"嗯，也许可以这么说吧。不过要是说很大一部分原因在于我们店员的努力的话，应该更能鼓舞人心吧。很大一部分原因在于能把新店的工作委托给其他员工去做，这样我才能全身心投入到池袋店。"

***

[1] 日本漫画 One Piece，早期引进中文世界后，版权混乱，产生了三个主流译名《海贼路飞》《海贼王》《航海王》。目前大陆官方正版译名统一为《航海王》。（编者注）

　　池袋店有十层楼，虽然每层的面积不尽相同，但我认为销售额的占比情况大致都在10%。占比率最高的是第五层（法律、经济、社会、商务），达到15%—16%；最低的是第九层（艺术、外文书），只有5%。这样看来，漫画的确"给力"。

　　"而且漫画书籍要封膜包装，很耗费人力。"

　　哦对，就是要用塑料膜包起来。有一阵子书店方要求出货时要先用塑料膜包起来，但不知从何时起又没有这种要求了，对吧？

　　"你看，漫画业界完全由大型出版社主导，新书的发行数量也很难反映出书店的呼声，这确实令人头疼。所以如果不提高业绩就很难保证能拿到畅销的漫画作品。"

　　"这么说来，《航海王》的第一次印刷进了多少本？"

　　"上次（第68卷）是1300本左右，仓库差点不够放。不过，第一天卖出300本，仅三天就卖掉了一半。基本上第一次印刷的进货数量，按发行第一个月能卖掉的数量来计算。"

　　哦，第一次印刷就进了1300本呀，跟文艺类书籍简直是天壤之别啊（印刷数量本身也不一样）。它先在《周刊少年JUMP》上连载，再每隔三个月集合成单行本出版，还会出很多日历呀、旅游指南呀、动漫版等周边产品，每一样都卖得很好。另外还会拍成电影。出版社会牢牢抓住这棵摇钱树吧。

　　"没错。不过《航海王》出到68卷并不算特别长。最近成卷书籍都有延长的倾向。"

　　在这样不景气的时候，出版社都不会轻易放过能赚钱的市场吧?

　　漫画的销售方法与杂志很相似。因为杂志和漫画都是连续多卷的出版物,事先会预测到大概的销量,也有数据。而文艺类书籍的数据就没有这么透明,书评什么的,最近推特上的相关信息会带来很大的影响。关于第一次印刷的进货数量,田中说了些很有意思的话:

　　"对连续多卷的出版物的确可以进行大致的预测,毕竟数据这个东西只要读懂就行嘛。但实际的销量却很不稳定。前阵子我觉得在用公司的钱赌博。"

　　真是赌博啊。漫画书的销量很大,而且发行的品种也很多(漫画在一些书店被归为杂志类,在另一些书店被归为书籍类,所以无法计算准确的发行品种。大概是一年超过12 000部作品吧?假定是这个数量的话,除去休息日,平均每天发行40—50部左右?)。即便事先会指定其中一些作品,但田中的工作量还是非常大的。不过,若是认真赌一把的话,也许销量是有胜算的。因为漫画的新刊占比率远远高于其他领域的书籍。

　　"而且还必须要凭借起初的销售速度来考虑追加进货的问题。"

　　是啊,这一块儿难度也很大啊,小赌神。有时会碰到追加订购后一本也没卖出去的情况,也会遇上打电话过去,结果人家告诉你已经断货了的情况,所以时机也要赌。

　　"但是比起其他书店,这里的旧刊漫画的销售额比率要高一些,毕竟是淳久堂嘛。像这里这么大面积的漫画专区也很少见吧？"

"是啊。虽然新刊的销量不及其他大型书店，但一年过后就会追上甚至超越。不光是漫画，全部领域的书籍都是如此。而且，我们店的面积这么大，所以有很多客人认为我们这里什么书都有，就会特意来一次把书买齐。新刊无论在哪个书店都好卖，但我们更重视购买旧刊的顾客群体。而且我认为之所以漫画书的销量没有像其他领域那样下滑，一定是因为看漫画长大的这一代人还在购买漫画。我想特别强调这一点。"

"可是，那些成人漫画周刊杂志不都一个接一个地停刊了吗？"

"那是因为人长大之后就只会挑自己想看的看了，所以会等到发行单行本后再买来看。"

哦，这点和其他纸质版杂志有所不同呢。

"下面换个话题，轻小说的动向如何？"

"嗯……轻小说这个标签比以前多了。不过销售额大概只增长了2%—3%吧。但话说回来，在其他种类一个个都在走下坡路的时候，能逆向增长已经很厉害了。"

有位轻小说作家叫三上延。他的那本《彼布利亚古书堂事件手帖》（MediaWorks文库，2013年3月发行到第四卷，累计销售470万册）卖得火爆，还翻拍成了电视剧，他一跃成了百万级畅销作家。据说第四卷的第一次印刷数达到80万册。这个数字之于畅销漫画也许是家常便饭，但作为文库本来说是前所未有的（2017年5月发行到第七卷，累计销售600万册）。

在池袋店，MediaWorks 文库位于三楼的文库专区。

这位轻小说作家很朴素，曾在旧书店工作过。这部作品的写作素材也来源于他之前的这段经历。评论都说主人公㭊子的塑造是这部作品大受欢迎的原因。这部作品好像就是随意地写了些某个人的事情，结果就意想不到地成了最畅销书。这种毫无预兆的热卖实在令我有些吃惊。因为在此之前，比如《1Q84》（村上春树）是起初的单行本新书卖得很好，之后出版的文库本也跟着热卖，几乎都有这么一个流程。因此可以说这次让我见识到直接以文库新书出版的轻小说的威力了。顺带一提，一说到文库新书的最畅销书，脑海里便会浮现出佐伯泰英的一系列江户时代的历史小说，"打盹儿的磐音系列"的腰封上写着"系列累计销量突破1500万册"。说不定这也算历史小说中的轻小说？封面用的也是插画设计。

MediaWorks 文库是角川书店旗下的轻小说类文库，锁定的读者群体要比原本的轻小说读者年龄再大一些。"轻小说"的定义是封面使用漫画、插画的设计，人物设定鲜明。从定义来看，MediaWorks 文库出版的都是正宗的轻小说。但在购买小说的读者群体里，感觉有很多人会问"轻小说是什么"。我们店根据读者是否会买漫画来划分楼层。也就是会和漫画一起购买的轻小说放在漫画专区，而会和一般文库本一起买的轻小说放在文库专区。但我也不确定这种区分方法是否正确。西尾维新（"世人"定义他为轻小说作家，但我们店放在新书专区。也有书店是放在文艺书籍专区）的新书第一次印刷就卖了500多本。

　　不管怎样，如今文库销量的20%以上是轻小说。即便那些爱说长论短的人自以为是地说什么轻小说向文艺类越界呀，文艺类书籍的读者群体被拉低了年龄呀，但轻小说正不断崛起。

　　前日，文艺书籍负责人小海裕美对我说了这样的话：

　　"不过田口前辈，之前来买书的一位顾客说：'我以前从来不看书，但看了电视剧《彼布利亚》后去读了文库本，发现比电视剧更有意思。原来书这么好看啊。'所以不管是轻小说也好，还是其他别的什么也好，其实分门别类已经不重要了，对吧？"

　　文库版补记　2016年席卷日本，不，应该说是席卷全球的《你的名字》（新海诚，角川文库）是动漫的原作小说，但我认为它就是轻小说。不过也许是什么已经无所谓了。

　　"那么BL（Boy's Love，耽美小说）的情况如何？"

　　"这类小说的业绩下滑了。大概是读者的注意力都从小说转向其他领域了吧，比如VOCALOID呀，或是去粉声优①了呀，四散各处。"

　　"抱歉，VOCALOID是什么呀？"

　　"简单地说就是一种游戏软件，用户将音乐旋律和歌词输入这个软件，让一些虚拟偶像演唱，并发布在网上，之后网友

---

① 声优：日本对配音演员的称呼，或用CV（character voice）来表示。（编者注）

可以发表评论。田口前辈，你知道初音未来吗？"

我听得一头雾水，而田中一脸吃惊。于是她用随身携带的电脑给我看了初音未来演唱的视频，不过上面的"弹幕"盖住了整个画面。哎，反正 VOCALOID 的准确定义和它的使用方法不是我这本书的主要内容，所以请原谅我跳过。话题回到 BL 小说，它的读者群体中已有相当一部分人脱离了纸质书籍。

田中继续说道：

"《恶魔般的少女》这首歌现在很流行，据说是从初音未来的世界观中衍生出来的作品。但是很抱歉，我对这一类作品还挺抵触的。"

田中都抵触的话，那我该如何是好。总之，在上次采访的 2006 年，BL 小说虽然势头很旺，但现在大部分的读者都转向了 VOCALOID 和其他领域。那有什么领域是销量增长了呢？

"教画画的书吧，教怎么画漫画和动漫。之前，主要都是美术、插画类出版社出版的画画入门书，但现在一般的出版社也加入了这个领域。或许是因为摊子铺大了，又或许是因为想当漫画家的孩子不断增多，这类书籍的销量持续增长。"

原来如此，田中所负责的包括漫画、动画、轻小说、BL、游戏攻略书的书区被统称为"漫画"，但其中呈现增长趋势的是轻小说和漫画画法入门书对吧？

当时（2013 年）我听田中说的时候还觉得事不关己，如今教授如何写小说的书籍变得十分畅销了。《如何描写情感》（安琪拉·阿卡曼，Filmart 社）于2015年12月出版的时候，我没当回事，结果遭到沉痛的反击。据说这本书是从推特上走红的。中学生和大学生是主要的读者群体，而且男生居多。后来同类书籍也陆续出版，每本都能达到月销几百册。而且顾客会一次性买好几本，每本都将近2000日元（约合人民币103元）。前几天看到一位中年男子拿在手里看，令我切身感到时代的变迁。大家变得不读小说而是想写小说了，并且是参考国外的写作技巧。小说类书籍会愈发变得大众化而存活下来吗？

"不不，"小海说道，"买这种写作技巧书的人好像是想先成为网络小说家。他们希望自己的作品能被看到，即使免费也无所谓。如果运气好的话说不定可以成为第二个村上春树。"

原来是这么回事啊！一个人待在家里寻找能养活自己的工作吗？可是要想成为职业作家的话，是必须要和其他人接触的吧？

"不不，"小海又一次否定了我，说道，"他们应该就是想从这些写作技巧书里学到如何与他人沟通。"

是为了学这个啊，天哪。

"另外，漫画被翻拍成电影和电视剧的概率比较大。比如《海猿》吧，出版的时候很不起眼，好几年前就完结了，但后来被翻拍成电视、电影，一炮而红，出版社又赶紧加印，大卖了一波。趁着这个势头，后来又出了写真集呀、解说书，等等。电影和电视工作者一直都在物色漫画作品。因为两者之间其实就差在会不会动而已。"

这么一说我想起来了，《海猿》好像是去年的票房冠军。

"啊，还有《新世纪福音战士》呀、《北斗神拳》呀，都被用在老虎机上了。因为小时候都看过这些漫画，所以现在玩起来不会有任何抵触情绪，甚至越来越多的人在玩的时候会感觉很时髦吧。在田口前辈那个年代，对《新世纪福音战士》着迷的孩子被叫作宅男宅女，但现在他们就是普通的大人。多亏了老虎机，让《北斗神拳》这样的老漫画作品又重新翻红。但不仅仅是老虎机，就像我刚才说的，看漫画长大的那群小孩只是长大了而已，所以一有什么契机，他们又会回归漫画的。"

田中继续说，比起她刚进公司的时候，情侣和拖家带口的顾客增多了，尤其到了双休日。她还告诉我在书店聊天的人变多了。换句话说就是，以前那种一个人独自来书店默默地买下书回家的宅男宅女相对减少了。意思就是顾客的年龄层拓宽了，读者群体发生了变化。这大概是漫画部门的销售额不像其他部门那样下滑严重的一个主要原因吧。不不，田中，你和团队的努力也是功不可没的。

和田中聊完后，我在回去的路上想到：但这些也许只不过是淳久堂这家大型书店在池袋这条亚文化街上的一种特殊现象罢了。销售额仅次于杂志的漫画在小店里又是怎样的状况呢？我一直思考着这个问题。但我只能记录下自己身处的环境的情况。

　　最后讲讲"电子书籍"的情况。大家都说在这场无法抵御的书籍数字化潮流中，漫画是领跑者。

　　大约是一年前吧，一个许久未见的熟人举着手机对我说：

　　"看，能这样看漫画了，很方便。现在漫画的数字化不断发展。以后肯定会反过来哦。"

　　"啊？什么意思？"

　　"我是说，现在是单行本变成电子书对吧？以后会先以电子版的形式在网上传播，然后评价好的会出版单行本。"

　　哦，所以目标读者其实是想看纸质版的，但电子版的更便宜（应该会比现在便宜，甚至有些还免费），所以平时基本都是看电子版，但特别喜欢的会买纸质版来看，是吗？也就是说，以前的漫画杂志的功能现在被电子版漫画取代了，对吧？也有预测说，读电子版书籍成长起来的一代会很轻易地失去对"纸质书"的信仰。纸质漫画的市场会快速萎缩，单价也会随之提高吧。这样就更卖不出去了，市场会越来越小的。

　　确实，照现在的物流情况来看，在附近的小书店里很难买到畅销书，而不畅销的书就更买不到了。所以成人都会在亚马逊上订购，但孩子怎么办呢？妈妈会让孩子在网上买漫画吗？要是那样的话就可以免费看漫画了，而且不管是谁、不管在哪儿都能看，也不会被妈妈念叨说："怎么老是在看漫画啊！""怎么堆了这么多漫画啊！"喜欢的漫画都能免费看，想看几遍就看几遍。

　　（我不是很清楚小孩子的手机能不能免费看漫画。如果不能的话，在此说声抱歉。）

　　这种"从电子版到纸质版"的现象是有先例的，那就是手机小说。先是通过手机这个电子工具进行传播，点击量大的小说会被印成单行本。据说很多人希望图书馆能引进手机小说，但图书馆，特别是学校图书馆不大愿意。图书馆关于"教育意见"的讨论在此省略。

　　在池袋店，手机小说和漫画书区经过几次磋商，最后被放在三楼的亚文化书区。虽然我觉得手机小说的读者是买漫画的顾客群体，但碍于书区的空间有限，也只好如此。

　　就在前几天有一件这样的事情。

　　从三月初开始，有一个小女孩出现在我们店里，除了周日以外几乎每天都是一开店就来，而且直奔手机小说的书架。她会先从书架上一次性取下五六本书（大概是昨天看到一半的），坐到窗边的椅子上专心阅读。她会随身带着水壶，时不时地喝点水。中午的时候她会离开一下，但下午又会看到她倚在书架上继续专心地看书。可能是站累了，经常会看到她蹲在地上看书。有时还会听到她笑出声来。她会一直看到太阳下山。

　　"是中学生吧？但还不到春假呀。逃学？要不要问她怎么不去上学？"

　　"不行。她这个年龄情绪不是很稳定。你是过来人应该有体会。"

　　确实。而且我也有过很多次站在书店里看书的经历。我就是这样爱上看书的。

"不过在书店里只看不买，实在有点惶恐不安，所以一般都是在图书馆看的。"

"很多图书馆都没有手机小说哦。"

但是那个孩子看书的时候会把书皮卷到后面。每次都想提醒她：这不是你的书，读的时候不要留下痕迹哦。

负责这个书区的一位男员工还说："而且她一天要看八本左右，每次都是在书架上随便找个缝塞回去就走了。"

书店员工都很介意这件事情。

他们想了很多办法，最后把手机小说和漫画书一样封膜包装了。这是注意到这个女孩两周后的事了。抱歉啊，小姑娘，不过在书店看书要守规矩哦。虽然有很多不守规矩的大人，但你不能学他们哦。

第二天，她看到书上都封了膜，显出一丝惊慌，然后拿了没有封膜的新书（新书不会封膜），是一本色情小说（手机小说也有很多种类），坐到窗边的椅子上。过了一小时，我有点好奇，就去看了一眼，只见桌上散乱地放着四五本书，其中还有一本是摊开盖在桌上的。应该是看到一半去上厕所了吧？那个，把书反盖在桌上的话，会有折痕的呀。

当第二次看到这种情况的时候，我提醒了她，希望她能遵守规矩，因为那不是她的书。

"我看你每天来，是中学生吗？"

"不是，我已经毕业了。"

哦，所以是还在放春假的大学生啊。还好不是逃学。

她涨红了脸说，我知道了。但没说对不起。这大概是第一次被人提醒的反应吧，总之有点惊慌失措。不过后来她还在那儿看了一会儿，我吃完中饭再去看的时候，她已经走了。

是不是不提醒她比较好啊？她会不会因此受伤而情绪不稳定呢？

"没事的，田口前辈。需要有大人去提醒她。"

我纠结了很久，想着"要是她因此而消沉，变得不出门了怎么办啊？"之类的。过了几天，我又看到她在其他楼层看书，不禁松了一口气：还好没事。不过要守规矩哦。

文库版补记 四年过后，手机小说的销路出现颓势。原本"用手机看小说"是常态，现在年轻人会惊讶地说"啊？还有这个时代啊"。网络环境正飞速发展，所以每天在书店里站着或坐着看书的小女孩已濒临绝种了。

回到正题，关于漫画的电子书籍，田中是这么说的：

"是的，漫画的数字化发展很快。我觉得起先是从色情漫画这种在店里很难买的种类开始，之后一些绝版的漫画就马上数字化了。新刊和单行本同时发售也渐渐变得不那么稀奇了。总之现在的漫画原稿基本都是电子版，所以也很容易做成电子书籍。以前是用笔、纸来画，而现在是直接在显示屏上画。"

田中继续说："现在手机和网络游戏是万亿日元产业（出版产业自从跌破2万亿日元后就一路下滑），所以拥有相同顾客群体的漫画也不得不数字化了，不是吗？”

她接着说道：“不过，在数字市场中，配有声音的动画和游戏具有压倒性优势，这对静态的漫画是不利的。”但即便如此，也无法阻挡数字化的势头。田中又回到最开始的话茬。

哇，很客观啊。这和崇尚纸质书籍的店员有点不一样。文艺部门的小海裕美和负责专业类书籍的员工们一谈到电子书籍就很悲观，有时会紧迫地感觉到，可能明天纸质书就会消亡，而在不久的将来大家都会失业。

前面也提到过，漫画出版社是大公司占主导，其中小学馆（集英社是它的关联企业）和讲谈社两大巨头非常积极地致力于数字化。这种出版情况大概也与其他领域有所不同。两家公司积极投资，引领着数字化的这股潮流。我胡乱猜测也许两家公司是觉得与其让亚马逊主宰日本的出版物数字化市场，不如自己先下手为强吧。毕竟亚马逊热心致力于日本的出版物数字化。

田中冷静地说道：“哦？出版社会有这么值得钦佩的想法吗？只是出于自我保护吧？因为是制造商和零售商的关系，所以出版社只要能把书卖出去，不管在哪里卖都无所谓。”

不不，我心里反驳道，至少不只是为了自我保护而这么做吧。不过我的见解也许不成熟。

文库版补记　通过这次采访，我明白了田中的说法是对的。很遗憾，从一开始就不存在亚马逊与两家公司对抗的阵仗，一切似乎都是按亚马逊的预期进展的。希望日本的两大出版社与亚马逊对抗的想法实在有些天真了。

　　"漫画的主要流程是，出版社首先笼络作者开始创作并在漫画杂志上连载，这些隐藏在背后的部分是最关键的。之后发行单行本，这是从作者到书店和读者的第一步。筛选出受欢迎的作品后，会继续发售相关书籍和周边产品，顺利的话还会翻拍成电视剧和电影。基本由这些步骤构成。各阶段都会设计促进销售的机制，现在确实也有出版社会在发售单行本的同时让电子版上线。不过卖得不是很好，大概只有单行本销售额的2%（这个比率根据说话人的立场会有不同，我听到最多的是10%），大概是因为两者定价一样的缘故吧。但我认为这个情况会发生改变。因为使用智能手机的人越来越多，方便阅读的 Kindle 也逐渐普及，所以不受转售制度约束、可以降价的电子书应该更有竞争力，会不断发展下去吧。只不过现在的电子书籍，是把依照刚才提到的'纸质书籍的基础流程'出版的书籍转换为数字版后出售的。也就是说，'作者从创作阶段开始就和编辑合作'的这一体系很成熟，漫画尤其注重这一点，所以日本漫画都有很高的水准。虽说读者群体在逐渐形成，但'电子版的基础流程'还不完备。现在利用'纸版'的系统，未来将会如何？我有点无法预料……"

　　是啊，我也看不清未来的走向。但听了田中的解说之后，我觉得前面提到的那个熟人所说的"未来将会是先有电子版，再有单行本"的流程大概不会马上出现吧。原因主要不在读者一方，而在制作方。不过它总有一天会到来吧，虽然现在还听不到脚步声。

也许有人会觉得：不就是漫画吗？我又不看。这个想法太过于轻视漫画在日本出版界的地位了。我在前面已经提过好几次，大部分漫画是和漫画杂志一起在流通上被当作杂志，和其他杂志算在一起，将近占出版物销售额的一半（杂志与漫画的具体比例是三比二）。而且在分布于全国各地的小型书店里，也是杂志和漫画的销量占比较高。漫画出版社呈现垄断态势，小学馆集团（小学馆、集英社、白泉社）、讲谈社、秋田书店近来持续发展。而在轻小说领域，角川书店集团（KADOKAWA）旗下的六家公司是绝对的大户。换句话说，这些出版社可以说掌握着遍布日本全国的出版流通基础设施的命脉。

对于未来的发展动向，田中满怀期待，并爽快地说道：

"无所谓，反正我已经决定要永远留在这个行业了。"

文库版补记　过去三年，漫画如预想的一样最受书籍数字化发展的影响。电子书中有76.5%是漫画。并且在电子版与纸质版的对抗中，致力于数字化的讲谈社和小学馆（集英社）在电子书上取得的业绩，也许已经超越了纸质书籍？

田口前辈，《女子会》很抢手哦

——人文书籍与『女』店员

　　"穷乡僻壤难得一见的美女"这种说法带有歧视吗？那么，"书店难得一见的美女"这句话又如何呢？大家对书店的"女"店员容易抱有这样一种印象：戴着眼镜低着头，朴素而不起眼，也许挺聪明，但爱讲道理。专业类书籍的负责人就更是给人这种印象了，不是吗？

　　身材高挑的森（旧姓：吉原）晓子在人文书籍楼层走来走去，就好像阔步走在丸之内的商业街，感觉四周都变得华丽起来了，即便她身上穿着白衬衣和书店配发的围裙这种抹杀个性的服装。小森大概不愿意我从容貌开始介绍她吧。她有着一头乌黑的头发，瓜子脸，浓眉大眼，笑容迷人，还带着一股有主见的知性，我禁不住问她："你为什么当了书店店员？"

　　"学生时代我曾在新宿的纪伊国屋打过工，那时候就想成为有鉴赏书籍能力的人。"

　　哦，原来是被"书"俘获了呀。这是书店店员里常见的一种类型。

"不过，我也说不上是特别喜欢书，也没像小海那样读过很多书。但当时就没想过要做其他工作。"

"你父母赞成吗？"

"住在爱知的父母十分反对，因为他们没听说过淳久堂。说与其去东京的书店工作，还不如回来。"

她好像是出生在爱知县丰田市的"千金小姐"。从东京的视角来看，丰田的城下町就像一个不可思议的封闭小城，有着支撑日本经济的自负。

"但后来淳久堂在名古屋开了分店，他们大概是了解了这是一家怎样的书店，就妥协了吧。"

让我算算，淳久堂名古屋分店是在2003年开张的，小森是和小海、田中同一年进的公司，也就是2001年，所以家里整整反对了两年。看来是真的不合心意啊。

到现在还有很多店员"因为父母反对而辞职"，尤其是住在没有淳久堂分店的外地城市的父母占多数。淳久堂只招大学本科应届毕业生，来应聘的都是比较知名的大学的学生，而且基本都是优等生，所以家长应该抱有很高的期望。供了四年学费换来的却是"在书店工作"，也难怪父母会抱怨说：就没有更好的去处吗？

但小森还是选择当一名书店店员。我想起来之前还有一个东大还是庆应毕业的男生都已经到了实习进修阶段了，但因家长反对，一番纠结之后决定"还是去做银行职员"。我们也能体会他父母的心情，所以当时也就淡定地回应了一句"哦，好吧"。

不知道他现在干得怎样？大城市的银行感觉会很辛苦。这种辛苦不同于书店。

"我一进公司就被分配到计算机书区，令人十分沮丧。那个时候都是 Windows Me 呀、Windows 2000 之类的。我在大学读的是历史，对电脑一窍不通。书架上摆满了电脑专家会用到的书籍，什么 C 语言啦、JAVA 啦（这里小森告诉了我一些计算机书籍的基本知识，由于我理解不了就跳过吧）。刚分配到这里的时候，我是怎样度过每一天的？现在想想都觉得不可思议。电脑和手机迅速普及的时候，网页开发之类的书卖得很好。不过那时候的我连自己的手机还不大会用。我想顾客应该不接受售货员是个门外汉吧，所以我每天都在拼命地学习。"

等到终于能看懂书架上的书的时候，这些知识已经过时了，所以又要从头开始学习新的知识。就这样周而复始。不过，学习新知识的过程很开心。而且在整体呈现低迷态势的出版业中，计算机书籍的销售额却增长显著。只要在进货时下功夫，业绩上就会有相应的回报。某种意义上说，这是个"书店店员会感到无比幸福"的领域。顺带一提，小森所在的六楼还有一个畅销书区是"福利、护理"。之后，计算机书籍的销售增长率开始出现萎缩，但这个领域至今仍保持增长态势。

即便如此，书店店员对计算机书籍这个书区仍会自然而然地感到进退两难。大型书店是靠计算机系统支撑起来的，物流、管理、销售系统，尤其是检索系统，都要依靠计算机。我虽然是在书店工作几十年之久的老员工，但效率远远不及计算机"单击一下"的情况时有发生。不过计算机是一把双刃剑，它同时也在慢慢地淘汰"纸质"书籍，也在逐渐夺走我们人类的工作。我们预测不到它的终点在哪里，说得直白点就是我们充满不安。但我们已经在路上了。然而讽刺的是，现在"计算机使用方法"相关书籍的销量虽说有所回落，但仍保有一定的市场份额，所以我们还想靠它赚点钱。

森晓子当初不顾家人反对执意到书店工作，如今没了退路，因此她每天拼命地工作，但没想到一年半后被调去了大宫店，负责的部门不是好不容易才熟悉的计算机书籍，而是人文书籍。大宫店于1999年开张，所以她是在开张后的第三年被调去的。

大宫店是继池袋店之后开在首都圈的第二家分店，面积600坪多一点（之后扩大到770坪），在埼玉县内算是头等的大型书店，但与其他淳久堂的分店相比，规模算小的。记得某经销商的一位骨干职员曾说过："埼玉县和千叶县的书店销量加起来也不及神奈川县。"因为埼玉县的消费者大多会到东京买东西。也就是说大宫店的业绩取决于能留住多少流向池袋和新宿的顾客。

小森又要重新出发了。而且人文书籍毋庸置疑是大型书店的"格调"标准。LIBRO在20世纪80年代之所以受到热议，也是因为它提议创设以人文书籍为主的新书区。

"人文学"被定义为有关"人类文化"的学问，但我按字面理解为"把人文章化"，也就是"把人转化成语言的学问"。

淳久堂的人文书籍包含历史、思想、宗教、心理、教育和社会学。每个书店都有不同的分类方法，我以前工作的 LIBRO 是把人文和社会归为一类，命名为人文社会书籍，而社会学是有关社会问题的书籍，也就是时事读物。你也许会觉得这只不过是一种分类罢了，但社会问题类书籍是在传达"现状"，生机盎然（也就是销量噌噌涨），所以可以给学问的要塞——人文书籍（也就是死气沉沉的类别）带去一些刺激。而在淳久堂，书店的销量主要集中在"法律、政治、经济、商务"这几类书上，所以社会时事问题会和商务类书籍一起归入"法、经类"。另外，福利、护理类书籍在 LIBRO 被归为教育书籍范畴，而在淳久堂是与医学类书籍放在一起的。淳久堂的医学类书籍是不可忽视的创收领头羊。所以说，公司的经营方针会直接影响书籍的分门别类。

顺便介绍一下，于2013年4月开张的纪伊国屋 Grand Front 大阪店，打出了"带你了解图书现状"的广告标语。从它的平面图可以看到我们印象中的人文书籍被分割成了几个部分。历史、宗教类书籍与社会类书籍一起紧挨着理学[①]书籍；思想类书籍放在旅行指南的旁边，与文艺、音乐、电影类书籍归为一类。我想这就是纪伊国屋所理解的"现状"吧。

但似乎并非如此，按小森的说法就是：

---

① "理学"原指中国宋代兴起的新儒学，江户后期，日本一些兰学家以此词指称自然科学，同时包含 philosophy（哲学）的含义。现在一般指物理学、生物学、数学等基础科学。（编者注）

"纪伊国屋的布局据说是一种返祖现象。在40年前还没有'人文书籍'这个类别，当时纪伊国屋是日本最大的书店，听说就采用了和这家 Grand Front 店一样的布局。大概是根据顾客群体来设计的吧。这些都是从人文会负责人那儿听说的。"

是这样啊。顺便介绍一下，"人文会"由人文书出版社组成，创立于1968年。

小森负责的部门虽然有很多高要求的读者，略显麻烦，但我看不出她有很大的压力。

而小森却坦白说："才不是呢，我压力很大的。毕竟这个领域就像是'书店的道德标准'。我强烈地感觉自己孤陋寡闻。"

这样吗？但看上去很悠然自得呀。

"大宫店的人文书籍占了七层大约70个书架，全由我一个人负责看管。池袋店有大约450个书架，算上临时工，一共由9个人来看管。池袋店的收银台在一楼有专人负责，而大宫店的收银工作是全体员工都有义务做的。"

不久后，小森在负责人文书籍的同时还兼任人事、总务部门的工作，并在第五、六年的时候成了店长候选。

"我调到大宫店后做的事情是，在每个书架上设置封面朝外放的架层。因为大宫店里的书只有池袋店的六分之一，所以不适合用同样的摆放方式。书店从来就不靠书籍的总数量致胜。我的做法就是把新书、长期畅销书的封面摆出来，这样可以起到向顾客宣传'这本书卖得很好'的效果。我也会在核对人文书籍目录的时候添进一些被遗漏的长期畅销书。不过最费心力的是，要在畅销书中插入多少'不太畅销却必需的书'。"

是啊，我们淳久堂的员工就是要尽可能地往书架里塞书，觉得那就是使命，所以会尽可能地回避使用"展示封面"的陈设法。尤其是在大宫店这样刚开设不久的店铺里，这种倾向更加明显。可是无论怎样努力，规模的差异是无法弥补的。既然如此，倒不如运用封面朝外的陈设法，把书放在与顾客视线齐平的位置，简单明了地向顾客传递"我想卖这本书"的信号，也许能提高销量。但是，"不太畅销却必需的书"嘛，有那么多，应该不好选吧？

话说，在大宫店里有特别让人印象深刻的书吗？

"奈格里的《帝国》。"小森立刻回答我。

准确的书名是《帝国——全球化的世界秩序与众多可能性》（安东尼奥·奈格里、麦克尔·哈特，以文社，2003年1月发售）。这是小森刚被调去大宫店不久后出版的新书。

"当时我还想这种价格昂贵而且晦涩难懂的思想类书籍在大宫店肯定不好卖，所以事先只预订了五六本。结果卖得很好，我都吃了一惊。"她一边说，一边敲着池袋店的电脑键盘。

"哎呀，池袋（现在）累计卖了344本，大宫却只卖了36本。我原以为在大宫店卖得特别好。肯定是因为我没看出它会卖得好而倍感悔恨，才会记忆犹新。一般卖得好的新书的销量至少可以达到池袋店的三分之一。不过36本的销量对于思想类书籍而言已经算很厉害了。大概是因为池袋店比较特殊吧？"

　　我本以为，"大宫店的森晓子"暂且告一段落，现在是"池袋店的小森"，但小森却对我说了这样的话：

　　"在大宫店印象最深的事情是遇到了佐藤优先生。这个男人有着一双很大的眼睛，记得当时好像是询问我关于'马萨里克'的书，我不是很清楚，所以费了很大的功夫在电脑上搜索，但大宫店里没有库存。这件事给我留下了很深的印象。后来得知是佐藤先生，我十分懊悔，当初要是能好好回答他的话该有多好。"

　　那时佐藤先生处于保释期，寄住在老家。多年之后，在我恳请他做七楼作家书店[①]的店长时，也亲耳听他谈起那时候的事情。他说当时是在母亲的劝说下去了大宫店，在书的海洋里度过的时光很治愈，等等。

　　"书店是我的恩人。我愿意为书店做任何事情。"

　　我有点不记得他当时的原话，但大概是这个意思。之后不久，他就在大宫店办了一场座谈会。小森当时一定认出了他："啊，是他！"

　　大宫店所在的大楼很破旧，因此在2013年5月，大宫店暂时停业，搬到百货商场大宫高岛屋店里。虽然面积缩小了一点，但能留在大宫是再好不过的了。

---

① 自2003年起在七楼的活动区域举办为期半年的"各领域的作者担任店长，进行选书、策划等工作"的活动。其间，店长会不定期地举办座谈会。第一任店长是谷川俊太郎，2013年5月是第十八任店长小熊英二。佐藤优是第九任店长。选拔标准是池袋店各领域员工的呼声。（原书注）

文库版补记 后来作家书店移至六楼，延续至今。2015年的加藤阳子书店和"宪法"书展等选书的故事被记录下来，出版成书。

森晓子于2011年2月底调去了池袋店。本来光是工作环境的变化就已经让人很有压力了，还恰逢"日本的非常时期"①。对她来说应该是一个难忘的春季吧。

然而，当话题转向池袋店后，她对我说的第一句话是："在池袋的人文书区好开心。"之后她又滔滔不绝地说道：

"每当我面对一大堆书的时候，我就会思考怎么摆放，这让人兴奋不已。在池袋店不需要站收银台，所以可以将精力集中于负责的书区，很开心。如果下功夫选书的话，顾客会有回馈，很棒。相比于大宫店，这边的顾客咨询的问题更难应对，因此会受到激励，想着要好好调查。"

她又整理了一下思绪，接着说道：

"总之是这么个情况。在大宫店的时候，如果书架上书品丰富的话，当然也会收到顾客的反馈，有时还会得到顾客的表扬。但在池袋店要应对各种各样的顾客，所以更能感受到一种责任感。顾客的反应也更强烈，这让我十分开心。"

听到她说出这些话，很难想象这和前几天还在尽力把畅销书集中起来，绞尽脑汁想着如何摆放以便顾客能够多多购买的

---

① 2011年3月发生了东日本大地震。（编者注）

书店店员是同一个人。

虽然小森说的是"客人会问很难解答的问题",但其实有些顾客会毫不客气地说:"喂,这里没有更懂的人吗?你们不是淳久堂吗?"不,能直白地表达出来的顾客还算好的(虽然会很受伤),更可怕的是有些顾客会在心里抱怨,什么都不说就直接离去。这样的人应该有很多吧。人文书区的顾客要求都非常高,要求店员的水平是"只比自己低一点"。如果没有这种水平的店员,那就会要求"比自己高很多"。

听小森说,"教育(包含保育)"是池袋人文书的一大支柱,学校的老师是主要的购买群体。

小森说:"这里是老师的参考书区。"从教育类书籍的销量情况可以了解到什么呢?比如小学的现状?

"有一位小学退休教师,名叫向山洋一。他运营着TOSS这个教学方法指导团体。'班级崩溃''怪兽家长"这些词就是他创造出来的。听说他还负责电视台智力竞猜节目里的教育板块。这个团体的实践运动好像是小学教育的一大流派(已出版发行他的全集,共101卷。太厉害了!现在没有其他作家或学者能出版卷数如此之多的全集。而且他另外还写了很多本书)。TOSS招来了很多批评的声音,但在很长一段时间里它一直都是这个行业最大的团体。不过年轻教师似乎对TOSS有点敬而远之呢。不是对它说三道四,而是犹豫是否要加入这个团体。但要问是不是想加入其他团体的话,倒也不是,就是这种感觉吧。

支持 TOSS 的群体渐渐上了年纪，却没能把接力棒传给年轻人。这是从我在书店看到的情况，再结合教育书籍出版社原业务员的话，得出的结论。"

嗯……接受二战后的教育的老师们所提倡的"教育指导法"到了一个转折点。这会给日本的一线教育带来怎样的影响呢？还是这只是东京的现象？

校园霸凌问题、贫困家庭问题、英语教育的实施方法，还有貌似和我们书店店员有关的"教科书数字化"……教育一线所面临的问题堆积如山。这些问题虽然会成为我们的"谋生手段"，但提出问题并解决它也是出版所担负的任务之一。

"第二支柱是历史书籍。不仅有读物，还很用心地放有一些学术研究的书籍。"

我觉得倒不是"用心"这种程度。虽然能令人惊叹"竟然还有这样的书！"的学术研究类书籍有很多，但我在之前的《书店繁盛记》中提过历史书籍的情况，而且我觉得之后也没有出现大的变化，所以在这里跳过。

人文书的第三个支柱是思想类书籍。那么，在大的范畴里，包含于思想类的宗教类书籍是怎样的情况呢？

一说到人文书籍，很多读者的脑海中应该都会浮现出这个"思想类别（genre）"吧。而且淳久堂的人文书籍确实包含"社会学"这一类别。

我记得在之前的著作里主要写的是"文化研究"（Cultural

Studies）。当时采访在新宿店工作的泽树伸也时，我询问他当前最流行的类别是什么，他似乎是这样回答我的："嗯……硬要说的话应该是文化研究吧。"之后我回到池袋店，盯着文化研究的书架看得愣神，心想："Cultural Studies"（通常被简称为 Cul-Stu，在这里我再简化一点，记作 CS）如果直译的话是"文化研究"，应该属于"社会学"范畴吧。

社会研究这座学术高峰的顶端是"在研究所里被理论化的一门社会学学科"，山脚边缘是"田野调查的 CS"。并且 CS 的基本理念中包含体制批判，即左翼思想，至少初期阶段如此。我记得当时书架上的书带给我的是这种感觉。或许有人会批判我说：不要下这种阶级性的定义。那就换一种说法："CS 是社会学的亚文化"，如何？但亚文化这个词里不包含反体制的意思，所以是不是应该叫作"反主流文化"？如果我负责这个书区，也许会有更不一样的定义吧。

不过小森说，CS 因为涉及欧洲大陆哲学加英国新左翼，所以与社会学是不同的渊源。原来是这样啊。我这个半吊子外行人的判断必须受到严厉斥责。可是我又有点不服气，因为光看书架上的书确实很相似啊，尤其是田野调查领域。不行，不能狡辩，我再一次规谏自己。

采访的时候，我又特意去看了一下社会学书区（不过也只是上一层楼而已）。咦？感觉有所变化，是从什么时候开始的呀？

"小森，社会学书区以前是在这儿的吗？是和 CS 书区交换了吧？"

从扶梯上去后首先可以看到展示台，在它右侧的书架（五个）上按类别摆放着新书，书架背面放着思想相关的外文书，而外文书对面的九个书架是 CS 书区。我记得是这样的布局。而原来的 CS 书区现在却摆放着社会学书籍，靠边的两个书架上摆着思想类的杂志和过期杂志。CS 被移到对面的五个书架（原来的外文书书架）上了。

"是的。我们调整了书架。就在最近，五月份的时候。"

"外文书去哪儿了？"

"展示台的左侧，靠窗的书架上。买外文书的顾客都是锁定目标的，所以只要有固定的群体，业绩基本不会下滑。"

"哦，靠窗族啊。就算力争成为世界思想的最前沿，也卖得并不好呢。所以你才会把社会学和 CS 面对面放吧？"

我之所以特意介绍这个书架调整，是因为池袋店无论在哪一层都基本有个固定布局，展示台和它旁边的五个书架用来摆放新书，新书书架旁边的九个书架靠电梯一侧用来摆放这个楼层最流行的类别。

"我听说田口前辈还在 LIBRO 池袋店的时候，有代表现代思想的后现代和结构主义的书区。好像不只是 LIBRO，只要是有卖思想类书籍的书店都必须有一个后现代书区吧。不管去哪里，只要书架上摆着福柯、德里达、德勒兹，人们就会认为这里的现代思想书区没问题。可能说得有点极端，但总之是有过这样的代表性人物。可如今却没有人可以代表'现在'的思想了。会不会有后后现代和后后结构主义呢？有段时间CS被炒得很热，但CS还能算是最前沿吗？"

小森的一番感慨让我无言以对。

"而且顾客也希望把当今的社会现象作为一种思想来解释，应该可以这样理解吧。他们不需要凭空创造的学问，需要的是在做了田野调查之后总结出来的学问，比如对3.11大地震思想性的解释。我感觉顾客对思想界或者说出版社有这样的要求。所以开沼博的《'福岛'论——核能利益团体是如何诞生的》（青土社，2012年）这本书虽然放在五楼的核能书区，但和这里的CS书区也相当匹配，卖得很好。"

"也就是说，从书店的书区来看，现在受欢迎的不是'现代思想'，而是'社会学'对吗？"

"嗯……我倒不敢妄下断言，也许倒不如说是后现代的那个时期有点不同寻常吧。"

是啊，那股离奇的热浪也许应该归因于时代吧，因为恰逢泡沫经济时期。

"说到现在的畅销作家，有内田树、中泽新一、鹫田清一，年轻的有国分功一郎，等等。内田先生是法国现代思想的研究者，主要研究列维纳斯。中泽先生是宗教学出身。哲学家鹫田先生的专攻是身体论。国分先生最开始是法国思想的译者，第一部著作是斯宾诺莎。不过读者寻求的是基于他们各自思想的'社会现象的分析'。同样畅销的大泽真幸和桥爪大三郎就不是社会学者，但他们两人的对谈《不可思议的基督教》（讲谈社现代新书，2011年）卖得非常好。可见现在进入了跨界时代啊。"

说得没错，而且虽说在专业以外的领域卖得好，但在形式上还是"新书开本丛书"①。也就是说，读者并没有把它当作研究类书籍来读，用有点过时的词来说就是教养类书籍吧。20世纪80年代腋下夹着福柯那本厚厚的著作的读者群体，在三十年后会转而去读拿着轻便许多的"新书"吗？

小森紧接着说道，因为阅读研究类书籍的读者群体非常小众，所以扩大这种中间群体尤为重要。她继续道，思想类书籍的品质虽说主要在于研究学者的突出成就，但也需要扩大一般读者群体来支撑。所以很希望人文、思想类书籍的编辑能努力开发这群读者。

她接着又感叹道，只有少数一部分作家会一下子爆红，但不畅销的作家就一直默默无闻了。这也是一种"格差"社会吧。

嗯嗯，文艺类书籍也一样。村上春树另当别论，伊坂幸太郎呀、东野圭吾呀，还有明明作品极为畅销，却只在读者中有知名度的三上延（这很奇怪），除了这些畅销作家以外，其他人都默默无闻。小说的首次印刷册数如果能到5000本，就算蛮不错的了。我记得淳久堂刚开张那会儿（1997年）是7000本还是10 000本来着。现在专业书籍的首次印刷大概是2000本？还是

---

① 日本一种独特的书籍形式，始于1938年岩波书店出版《奉天三十年》。此后，"岩波新书"致力于在学术与纪实方面，通过知名学者通俗易懂的写作，提供"现代人的现代教养"，推动民众对当下社会的了解与参与。一般开本为 170mm×105mm。（编者注）

1000本？

"没那么多，田口前辈，只印700本也是稀松平常的事哦。"

我重新审视了一遍社会学书区，发现主要还是与马克思·韦伯相关的一些经典书籍。顺带一提，岩波文库版的丛书至今仍旧占据畅销地位。呀，出新版了！我的目光移向《孤独的人群》（上、下，大卫·理斯曼，MISUZU书房，2013年），心中涌起一阵怀旧之情。书籍被分类为沟通理论、都市理论等各种理论。我本以为这些就是社会学书籍的基本构成了，但又看到在最靠边的书架上摆满了这样的书籍：《女子会2.0》（"Dilemma+"编辑部编，NHK出版，2013年），《绝望国度里的幸福青年》《我们的前途》（古市宪寿，讲谈社，2011年、2012年），等等。原来青年理论处于边界（用现在的话说就是边缘）呀。

"田口前辈，《女子会》卖得很好哦。"耳边传来小森的声音。

"社会学书区一般都是基础理论书，而对面的CS是实践，或者说是田野调查的书区，看起来成了这样一个组合。"

"自然而然就变成这样了。原本是不同流派的领域，但放在一块儿，就莫名感觉很搭。"

再扫一眼对面的CS书区，瞥见了《想象的共同体（修订版）》（本尼迪克特·安德森，书籍工房早山，2007年）。啊，好怀念啊。现在还是畅销书呀。我差点脱口而出说："以前还有一家叫Libro Port的出版社哦。"我暂且按捺住心中的伤感。原来CS书区都是些"有现代感的书"啊。现在在七楼举办的作家书店是"小熊英二书店"，所以这里也摆着小熊店长的《平成史》（河出书房新社，2012年）、《改变社会》（讲谈社现代新书，2012年）等全部著作。还有刚才提到的开沼博的新作《被漂白的社会》（DIAMOND 社，2013年）。依旧还是按社会性别、后殖民主义、媒体等进行分类。

"那些无法被归为其他比较严谨的类别的书籍好像都集中在这里。感觉就是不知道应该放在哪个书区，那就放在这里吧。CS 书区能存活下来，也许就得益于它分类比较模糊吧。"小森有点羞怯地说道。我想现在就是这样一个时代吧。

"不过，"小森说道，她似乎对思想类书籍的销量没什么起色而感到羞愧，"我觉得思想类是非常非常重要的领域。因为它是所有事物的根源不是吗？即使是科学技术，它的根基也离不开思想。思想是与我们相关联的所有一切的源头，对吧？"

是啊，我也这么认为。只是重要的事物原本就朴实无华，而且不会受到社会的趋势、潮流的左右。但作为书店店员，我非常能理解小森很想把与世界根源相关的书卖给读者的迫切心情。我忘不了小森在说刚才那番话时认真的表情，因为我现在负责的文学类书籍也存在同样的问题。

社会趋势正在远离"人文、思想"，大家都想着赶紧学习英文，朝着科学技术的方向发展。据说在大学里，人文专业，尤其是思想专业的助学金也十分微薄。然而，日本人将逐渐变得无法用自己国家的语言思考和表达。难道我们要听之任之吗？

最后，我询问了小森有关宗教书籍的情况。与其说是宗教书籍，不如说是精神世界的书籍。之所以这样说，是因为之前采访调到大阪的泽树伸也（2017年任职于丸善丸之内总店）的时候，我曾问他："梅田店里最畅销的人文书是哪个类别？"他当时想了一会儿，回答说："应该是精神世界的书吧。"梅田店里的宗教学书籍种类齐全，尤其是佛教相关的书籍，《国译一切经》《大藏经》等在一般书店绝对看不到的典籍，在梅田店的书架上可以找到全集。明明书店有如此齐备的藏书迎接着顾客的到来，结果答案却是"精神世界的书"？不不，我倒不是轻视精神世界的书，但真的是精神世界？

"是的哦，精神世界的书的确卖得好。"小森说。

"一说精神世界，我脑海中浮现出的是新世纪音乐呀、新科学，等等。书籍的话，就是 *Neophilia*（莱尔·华特森，筑摩书房，1994年）、《两面神的总结》（亚瑟·库斯勒，工作舍，1983年）、《地球号太空船操作手册》（理查德·巴克敏斯特·富勒，筑摩书房，2000年），还有标题里带有'道'的书，以及冥想呀、呼吸法、瑜伽之类的。现在也是这样吗？"

"这是基本的看法，但现在包含的范围更广一些，有更贴近生活、读了能马上见效的书籍，比如实现财务自由呀、交到男朋友呀、事业成功，等等。绝大多数的书都会用一些甜言蜜语对读者私语，比如'你现在这样很好，只要你保持现在的样子，就能得到你所想要的'。终究都是这些相关问题。"

"比如什么书呢？"

"比较受欢迎的书有浅见帆帆子的《你绝对是幸运的》（广济堂出版，2007年）这种面向女生的书，会收获很多女性书粉。男生的话，有戴尔的《每个问题都能从精神层面得到解答》（三笠书房，2005年）和船井幸雄的著作。"

"船井先生是那位有名的企业顾问？"

这么说来"怪杰"中村天风先生（会不会有点古老？）的作品要说是哪一类别的话，应该也属于精神世界的读物吧。

"你知道《奇迹课程》（海伦·舒曼，Natural Spirit，2010年）这本书吗？据说这本书对灵修界影响很大，被作为精神世界的教科书广泛流传。另外还有《秘密》（朗达·拜恩，角川书店，2007年）的吸引力法则。我觉得这本书的出版是一个转折点。原本有成为实用类书籍的资质，但现在这么说有点……就有点像是凡间的心灵依托。但和工作相关的心灵宝典放在商务楼层，而浅见和佳川奈未的作品放在杂文的楼层，所以四楼都是些宗教色彩浓郁的书籍。看书名就知道的有《与神对话》（尼尔·唐纳德·沃尔什，Sunmark出版，2002年），自我提升和心灵疗愈是其中的关键词。还有一些关于超能力的书，什么通过历史预测未来的书，等等。"

这么一说我想起《诺查丹玛斯大预言》（五岛勉，祥传社，1973年）这本书曾经卖得特别好，大概是在20世纪70年代末吧？

"东日本大地震果然还是给这个领域带来了一定的冲击啊。古代记载中预言过3.11大地震这样的书得到了大卖。我觉得当人们对未来感到迷惘的时候，就会去追求一些虚无的、精神上的慰藉，所以读精神世界的书籍的人自然就多了。"

这与在西藏深山里修行的形象相差甚远。当代的善男信女就这样漂泊于书店是吗？而书店就靠着开导他们大赚了一笔是吗？

和森晓子聊过之后，"人文会"这个人文类出版社的团体再次引起了我的注意。这个团体成立于1968年，也就是"全共斗"正如火如荼的时期。那时应该出版了大量思想相关的书籍吧。读者群体也不断壮大吧。最重要的是出版社整体的业绩应是蒸蒸日上的。网上介绍说，在"人文会"成立的20世纪60年代，人们对人文类书籍的认识只是：在书店里和文艺类书籍混在一起，按作者分类摆放。而"人文会"孜孜不倦地对书店进行启蒙教育，促成了"人文书"这一类别的诞生，加上读者反馈良好，才有了今天的形态吧。我想"人文会"促成"人文书区"的成立也许是顺应时代的要求，但也可理解为改变了书店对专业书籍的认知，同时也是书店开始走上规模扩张之路的契机。

但再深入思考的话会想到，20世纪70年代到80年代那段时间发生了很多"有关人文书"的戏剧性的故事。因为那时在出版社和书店里应该有不少曾参加过"全共斗"的战士。我个人觉得，要是把1975年创立的LIBRO和1976年创立的淳久堂这两个书店里的人文书的发展历程放在一起构思的话，其中的故事应该多到可以出一本书了吧。

但最要紧的不是过去的历史，而是对未来的展望。我想不仅是我，和"人文书"相关的所有人都应该是这么想的。人文类书籍的未来会是怎样的呢？

人文类书籍和其他的专业书籍，比如法律、经济等社会科学类书籍，科学、技术等理工类书籍，还有医学书籍相比的话，不是偏向信息、记录这一块的，而是属于故事性、文学性强的类别。所以我很能理解"20世纪60年代和文艺类书籍密不可分"这样的表述。我们在看一本书的时候，会反复翻阅，这样才会记住作者写的故事，才能和作者一同思考。纸质书会在翻阅的过程中，让读者与作者产生思想的碰撞。而电子书这种形态应该在"信息不断更新"这种类别的书籍上更能发挥优势。我觉得它不适合用来读人文类书籍。书的形态变成了电子书后，人的思考模式会发生改变吗？未来不可预测，令人不安啊。

我恳请保留住"纸质书"的形态。我真心希望那些想要继续出版人文类书籍的人们能选择纸质版。我此时站在书店的一角，真心向人文类书籍相关工作人员发出请求。

文库版补记　森晓子休完产假后，于2017年5月复工。之后马上加入了我在"文库版后记"中记录的创立二十周年纪念活动的筹备小组。同时复工的还有文艺类书区的田村友里绘和计算机书区的长田绘理子。她们三人都在各自的岗位上大展拳脚。

不能把孩子当傻子

——儿童读物的希望

　　书店里的"儿童读物"是给0岁到中学生大小的孩子看的书籍。但实际的读者年龄范围会更大一些，也有大人是儿童文学迷。儿童读物主要是绘本（以图画为主）和童话书（以文字为主），也包括图鉴等学习刊物。

　　"我依稀记得，韩国电视台来我们这儿采访的时候说过，在韩国书店里没有这么大的摆放儿童读物的书区"。LIBRO 池袋店的山井洋子在这次采访中说道。

　　韩国当然也会出版面向孩子的书籍，但可能没日本这么多吧。相比之下，儿童读物在日本出版业里是一个很稳固的领域，有很多专门出版儿童读物的出版社。我觉得这体现出日本人对儿童读物的"钟情"。日本的大人们都希望自己的孩子能"读着书长大"。我不了解其他国家的情况，这些都是我个人的理解。

　　我一直认为："儿童读物就是希望。"能毫不犹豫地使用"希望"这种有点难为情的词来评价的领域大概除此以外别无其他了吧。

首先，儿童读物本身就是"成长的故事"。不包含成长的希望的儿童读物称不上是儿童读物，这几乎是非常明确的必要条件。大部分作品中的主人公都会在故事的结尾获得某些成长。家长们都希望孩子们能和故事中的主人公一同成长起来。说儿童读物担负着大人们"对未来的期许"一点都不为过。

儿童读物被当作是大人给予孩子的礼物。很多大人倾向于把自己小时候喜欢的、读过好几遍的书给孩子看。所以，儿童读物的长销书比率格外高。

我从心底认为，在孩子们的心中种下快乐读书的种子才是出版业、书店存活下去的希望。我甚至觉得，如果连这都开始动摇的话，出版业就不会有明天了吧。运动、艺术和读书，这些都是从小就要开始培养的身体感觉。而把书给孩子看的大人们应该具备一定的培养意识。

因此这一章是"满怀期望的儿童读物篇"。我探访了位于百货商店里的儿童读物专区"LIBRO 池袋总店 Wampam"，这里的顾客群体基本是大人，也就是说绝大多数人是买书送小孩的。

Wampam 位于西武池袋总店配楼（当时的 SMA 馆）的地下一层，LIBRO 是1989年从主楼的十、十一、十二层搬来的，之前这里是 Art Vivant。熟悉20世纪80年代的美术书的人应该都知道池袋的 Art Vivant（现在搬到了惠比寿）。当时，Art Vivant 象征着 LIBRO 的前卫，而现在，Wampam 取代了它的位置。虽然作为书店的一个书区来说，它不是主角，但作为儿童读物专区来说，它紧紧地抓住了百货商场的主要顾客群体。

文库版补记 前几天偶遇 Art Vivant 的老板芦野公昭。之前我在写《书店风云录》的时候采访过他，自那之后已经过了十五年了。芦野先生爽朗地说道："我想把店关了，但员工们都说还想继续干，所以就连员工一起卖给了茑屋。"哦，卖给了茑屋啊。

西武池袋总店的地下一层有一条通往明治大道的通道，Wampam 就位于这条通道上靠近明治大道的一侧。面积大约有30坪，作为儿童读物的书区来说应该算大的了。我每天回家经过 Wampam 都能瞥见店里人头攒动，一点不亚于百货商店这一侧的杂志、文艺书店。和同一时间段的淳久堂（与 Wampam 之间隔着一条明治大道，在路的对面）八楼的儿童书区相比，顾客数量也明显有差距。Wampam 的商品数量只有淳久堂儿童书区的一半左右，但营业额却似乎是两倍以上。大概是地理位置的缘故吧。不，应该不仅是因为地理位置有优势，还因为负责人有的放矢的努力吧。也可以从地理位置造就顾客群体这个意义上去理解。

因此，我这次采访了 Wampam 的主任山井洋子。山井是千叶县人，1987年进入公司工作。

"田口前辈还在西武船桥店任职的时候，我在书籍柜台打零工。说起来我们还一起工作过呢。您不记得了吗？"

采访就伴着山井的这句意外的吐槽开始了。哦，船桥店，我从1978年到1984年在那里工作了六年，好怀念啊。那是我书店生涯中最开心的一段时光。倒不是书店的工作本身比其他店更开心，而是因为我在这里结交到了一辈子的朋友。我们每天在一起聊书、聊书店，还聊其他的种种。我们吃中饭的时候边吃边聊，下班后继续在一起边吃边聊，就一直这样聊啊聊，不停聊。现在回想起来，那时百货商店是六点关门，所以晚上还能闲聊。我深深地觉得，我的书店人生之所以能持续这么久，也是因为那个时候和朋友们交流了很多，并且受到了很多的激励。

又跑题了，我们回到山井的采访。

"我大学毕业后被 LIBRO 录用了。1987年进了池袋店。当时把我分配到兴趣类的书籍部门，工作得很开心。1989年（启动征收消费税的那年）LIBRO 从百货商场的楼上搬到现在的配楼（当时的 SMA 馆）的地下。1992年我被临时调去订购服务部门（当时还取了个时髦的名字叫 Reference）工作一年。那时的订购服务部每天都是铺天盖地的顾客投诉，光是处理这些投诉就已经忙不过来了，因此订货呀、通知顾客取货呀，这些本来要做的工作就没法好好完成。"

订购服务部的工作是为顾客订购书店里缺货的书籍，在大型书店里一般都是独立的部门。这里每天面对的客人都是满脸不悦，或直接发声抱怨："我以为这里会有这本书，所以特地花钱坐电车跑来，结果你跟我说没有？现在订的话能进货吧。什么？要等两周？怎么要这么久？你直接去出版社拿，应该今天就能到货吧？"对他们来说，顺利地进到货是理所应当的，但要是出点岔子，情况就会变得很麻烦。光听这些就已经让人觉得这是一份苦差事了。而且，明明书店缺货这件事责任不在订购服务部门，却要向顾客赔礼道歉。

话说到这儿，我要插播一件前几天碰到的事情。

我帮顾客订购的一本书一直没到货，于是就给出版社打了个电话。接电话的是个绝对会把日本文学类书籍全部买下的W书房的大叔，他满不在乎地回答说："啊，那本书啊，我给漏了，忘记跟经销商说了。"拜托，就不能撒个谎把借口说得好听一点吗？不要搞错了，最后要跟顾客道歉的可是我啊。你要我怎么跟顾客解释？

订购服务部真是个发生什么事都不稀奇的部门啊。本来光是接待百货商店的顾客就已经很辛苦了，还要给其他部门擦屁股，真是难为这里的员工了。

从人工费和电话费等成本考虑的话，订购服务部是个亏本的部门，但越是生意好、库存多的店，订购服务越多。营业额下滑的话，顾客的订购量就会随之减少。这是我这几年经历了店铺营业额持续下滑，最近总算有了点起色之后总结出来的。换句话说就是，订购服务部门是书店幕后的"营业额晴雨表"。

文库版补记 门店的顾客订购量正急剧减少。因为现在是亚马逊引领的网上购书时代，订购第二天就能收到书。即使我们洗心革面，尽最大努力提高进货的速度，也于事无补。

回想1997年书店刚开张那会儿，订购服务部设在九楼的艺术类书区，也就是我管辖的楼层。那个时候，工作内容大部分都是在处理顾客订购的要求、联系顾客来取书等，压力特别大。真是今非昔比了呀。

山井之所以被选调，是因为要让她帮忙管理一下店内的投诉多发部门。可以理解为山井的"本领"得到了公司的认可吧。我想这个"本领"是能在各种环境下准确判断优先处理顺序的"高超能力"。

之后，山井终于被调到了"儿童读物"部门是在1993年的时候。不过两年后又被调到锦系町店，之后又被调到几家中小型店铺里工作。等到再次回到池袋店的儿童读物区时已是2005年了。在这十多年间，山井经历了结婚、生子。

"最开始在池袋店负责儿童读物的时候，其实还从没认真看过一本儿童书籍。之后，《地海战记4》出版了。我看了之后一发不可收拾，很快就把之前的几部也看完了。"

自那之后，山井就完全入了儿童读物的坑。我也觉得，《地海战记》，还有《魔戒》，是儿童文学的金字塔尖。

"儿童读物不太会有不同店铺之间销量差距很大的情况，所以在池袋店进货应该很顺利吧？"

那时我刚采访完小森，用一种轻松的口吻问道。

"嗯，的确《乌鸦面包店》（加古里子，偕成社，1973年）

和《古利和古拉》（中川李枝子，福音馆书店）在哪儿都卖得很好，但池袋店还是比较特殊的。"

"就像百货商店和超市之间的不同吗？"

"大致是这么个意思吧，来池袋店买儿童读物的很多都是为了送礼物。而且使用黄金会员卡的顾客也比 LIBRO 的其他分店要多。"

也就是说，西武池袋总店的顾客群体主要是高级顾客。他们都不差钱，想送孩子礼物的时候会选择图书，而且还会专门坐电车来买。那他们会以什么标准来选书呢？

"嗯……典型顾客的样子说得形象点就是，会在平时穿着一袭藏青色连衣裙、热心于教育的妈妈。也许我这么说会有点极端，也就是有很多穿着体面的妈妈会独自来买书。另外还有喜欢看儿童读物的女性。周末会有全家一起来的顾客。我时隔许久再回池袋店的时候，有一种这里每天都是圣诞节的感觉。因为包装礼物的数量不断增加，其他店根本比不了。"

感觉上来这里的主要是30岁左右的已婚女性，她们文化水平比较高，舍得花钱买书。

"换句话说就是，动漫角色的周边产品在这里是卖不出去的，但福音馆书店出版的书在这里是全日本卖得最好的。"

山井还说了一些很有意思的话。

"电子书最近炒得很热，但我觉得儿童读物不会受到影响。它绝对不会消亡，绝对。尤其是绘本。因为送礼需求实在太大了。"

哟，这么有把握啊。日本的成年人对"纸质的、有形的儿童读物"的信赖感如此深厚吗？

"妈妈们首先会买自己小时候读过的有意思的书。"

没错，这一点我也发现了。

"但请听我说。刚才说到的《乌鸦面包店》可是四十年前的绘本哦。到现在依然很畅销。简直是超级长销书。"

嗯，我知道。我们店的尾竹清香说她两个儿子都十分爱看《乌鸦面包店》。听说它在保育园也很受欢迎。

"之后时隔多年又一口气出版了《乌鸦》系列的《糕点店》《荞麦面店》《蔬菜店》和《天妇罗店》这四本作品。"

为什么要到四十年之后才出续篇呢？我这个外行不禁感到疑惑。真是沉着冷静啊。接着我又想，这个"荞麦面店""天妇罗店"是不是有点过于老成啊？小孩不大会去吧？难道是为了弘扬日本传统美食？我在心里瞎分析了一番。先把我的这些多余的想法放到一边，我们继续听山井说。

"每本都卖得很好。四本在我们店的总销量虽然还没达到1000册，但已经很接近了。所以说儿童读物是回购率很高的类别。系列作品很多。作者的人气一旦上升就会持续很久，因为母亲会传承给孩子。"

山井补充说，《乌鸦》系列之所以畅销，还有另外一个原因，即偕成社巧妙的促销手段。

"如果一次性买四本可以获赠一个托特包。有很多顾客是为得到托特包才买的。"

　　看来一向在营销方式上表现得比较沉稳的儿童读物界也开始采取附赠礼物这种激进的战略了。后来福音馆书店也公布了一项新企划案，他们会附赠迷你托特包，以纪念《古利和古拉》出版五十周年。儿童读物界会不会由此开始一场赠品大战呢？

　　"这个儿童读物啊，出版社的业务员是很重要的。"

　　山井继续说道。不管多小的儿童读物出版社都一定有自己的长销书（也可以说正因为如此才能经营下去）。因为儿童读物很薄，插到书架里就很难找到了，妈妈们会觉得找这种又薄又大的书很麻烦，所以最好的促销手段就是让书店在摆放的时候把封面露出来让顾客看到。

　　"那种经常跑到店里来、人看着不错的业务员说的话，我会听进去。他们会拜托我们把畅销书放在展台上一段时间，就算期限很短也没关系。我们尝试放了一次，结果这个绘本就真的卖得很好，我们也很惊讶。不过那种放在展台上之后也卖得不好的书，即使他们再拜托我们，也不会放第二次了。"

　　"书店店员也是人啊。"说的应该是这个理。

　　如果把原本竖着插在书架里的书平放在展台上，也就是在封面朝上展示之后卖得特别好的话，书店应该就会再这样摆放一段时间。如果在LIBRO卖得好，业务员也许就会去拜托其他店的店员也这样摆。但这是干销售的基本吧。其他类别的各个出版社也希望把自己的书展示出来。不过儿童读物区的展示台本来就比其他类别的更大一些，而且新书的数量较少，所以畅销书被平放展示的概率很高。每个儿童读物出版社都会想方设法"让自家的长销作品能平放展示"。

山井一定是想说，决定展示哪本书的是"人"，而不只是靠"实际业绩（现在叫数据）""出版社的营销力"，等等。嗯……儿童读物还保留着"书店经营的传统"。我之所以会这么觉得，是因为最近许多出版社认为通过削减人工费来改善出版业不景气的现状是一种经营手段。也就是说出版社重视效率，业务员只会在新刊出版的时候来书店。我现在认识的业务员屈指可数，而完全没露过脸的出版社占了大多数。

也有一部分原因在书店。最主要的原因是有订货权的员工很少。这些员工工作时间长，很难和出版社的业务员约到合适的时间见面。就算见上面了，也会因为工作太忙而没时间闲聊。而有时候就是在闲聊的过程中能发掘出畅销作品。从出版社的业务员那里应该能获取很多信息的，但书店最近很封闭，也许只是盯着电脑看自己公司的数据。

由此看来，儿童读物部门会配合孩子举办很多活动，比如圣诞节主题活动啦、暑假作业相关活动啦，所以书店和出版社之间会频繁来往。如果交流不够的话就会被其他公司超越。所以经常能听到业务员说"我来核查库存啦"的声音，见到他们的身影（事实上，我几次去拜访 Wampam 都能看到正在核查库存的业务员）。这样才能建立起互相信任的关系。儿童读物这个类别的"制造和销售"应该还是靠"人"联系起来的吧。不不，光凭 LIBRO 的事例下定论有点草率了。但至少可以说 LIBRO

的儿童读物书区，不，至少山井还沿用着过去的，也就是我还在 LIBRO 任职时候的人工式的运营模式。也许这就是在书店界营业额不断下滑的低迷时期，还能斩钉截铁地高喊"电子书绝对不会在儿童读物领域获得成功"的根源之一吧。

"总之，儿童读物的购买人群与阅读人群是不同的。购买的人，也就是大人，会想听取其他人的建议。所以我经常被问哪本书好。"

这也就意味着，书区里的店员，尤其是资深店员越多的书店，业绩越高，顾客也就越多。嗯……良性循环啊。我心里这么想着，但还是暂且先放下思绪吧。

首先会买自己小时候读过的书。然后呢？

"近来的倾向是'哪本书卖得好'哦。"

"指的是年度最畅销书？"

"嗯，没错。比如圣诞节期间的畅销书一般比较固定，《古利和古拉的神秘客人》（福音馆书店，1967年）啦、《圣诞老爸》（雷蒙德·布里格斯，福音馆书店，1974年）啦，都是超级长销书。不过最近这几本圣诞节必买绘本的人气有点消退。相比之下，把年度销量排行榜做成 POP 手绘，再把上榜的书摆出来，会吸引更多的人来买。特别是榜上第一名的书，它的销量会远远超过其他名次的书。"

这就跟"书店大奖"一样呢。顾客只会把注意力放在获得"书店大奖"第一名的书上。没想到儿童读物也是如此啊！

"我们发现平时会有不少人来询问选哪本书好，但一举办畅销书展销会，咨询的人就会变少。因为顾客会毫不犹豫地选择排名第一的那本。"

"比如有哪本书现在卖得好？"

"嗯……绘本的话就是《请吧》（香山美子，Hisakata Child，1981年）。是本老书，长期保持畅销地位，放在展台上并附上写有'绘本年度销量排名第一'的POP海报之后就卖得更好了。"

山井继续说道：

"儿童读物本来就是系列作品卖得好，现在销量领先的是《神奇树屋》（玛丽·波·奥斯本，MediaFactory，现隶属角川书店），可以算是探险类，也可以算是奇幻类。已经出了34卷（截至2017年共出版42卷），每次发新刊，销量就会上升。不过要说最大的系列作品，图鉴当之无愧。近几年销量状况稍稍有些变化。"

"学研重新出版了十五年前的图鉴，NEW WIDE系列。卖得非常好。也许是大家对图鉴萌生了兴趣吧，小学馆一开始出版的《图鉴NEO》就大获成功。那个提出百格计算练习法的人叫什么来着？（我也记不清了，后来查到是阴山英男）那位老师建议不要把图鉴放在孩子的房间，而要放在客厅，比如看电视上的益智类节目的时候，全家人一起翻开图鉴查找答案是一种很好的使用方法。在他一番推荐之后，图鉴就卖得更好了。而且之前小学馆出的图鉴都是按昆虫啊、动物啊、宇宙等来分门别类的。之后出版的《比一比》《不可思议》等是按关键词进行编排的，也同样十分畅销。这个市场渐渐壮大起来了。"

"这样啊。最近还发生了什么其他变化吗？"

"嗯……原本不是写儿童读物的作家也进入了这个领域，比如岩井俊雄。"

他出版了《100层的房子》（偕成社，2008年）、《哪一个很奇怪？》（纪伊国屋书店，2006年）等作品。

"还有毕达哥拉斯装置节目（NHK，教育频道）的佐藤雅彦。"

他出版了《毕达哥拉斯装置》（附DVD）、"一古拉的岔路口冒险系列"（小学馆）等作品。

从其他领域的作家也开始创作儿童读物会成为热议话题这一点来看，儿童读物是个很封闭的领域。文艺类书籍早就如此了，尤其最近剧作家和编剧频繁加入，也许可以说是乱入。

"不过绘本这个东西，应该不难创作吧？比如在'啊呀'这个词旁边画一个小朋友张着大嘴的图，直接、简单。"

"田口前辈，可不能把孩子当傻子哦。小孩比大人的感受力更加敏锐，是优秀的读者。"

"你这话说得没错。正因为简单所以难做，是这个意思对吧？"

"不光是这个意思。比如有一家大型出版社出的绘本里，把橡果和蒲公英画在了一起。这很奇怪啊，季节完全不同啊。

我把这个情况跟编辑说了之后，他很轻佻地回应说没关系啦，反正是给孩子看的。这种想法大错特错。不过这种情况很少有。你来看看这个。"

山井把我拉到儿童读物书区，翻开一本《小金鱼逃走了》（五味太郎，福音馆书店，1982年）。上面写着一条小金鱼在鱼缸里游来游去。小金鱼逃走了，逃去了许多地方。逃进了窗帘里、花坛里，还有我的房间里。最后来到了一个大水缸里，和许多小金鱼一起游来游去。

"我给我家孩子念这个故事的时候，他对我说：'妈妈，小金鱼开始的时候很孤单对吧。所以它后来找到了朋友就不会逃走了，对吧？'孩子的感受力真的很敏锐，真的是很棒的读者。所以必须认真地创作儿童读物。我总是会对来买书的孩子们鞠躬致谢。"

哦！实在抱歉啊。

山井从教育的角度认为给孩子提供书的大人"是不是对孩子有点误解？"她觉得孩子有一双善于发现的眼睛。她会在心中表达对孩子的敬佩："你们很棒！"

有点扯远了，还是回到刚才说的其他领域的作家上吧。我和山井的想法不同，我觉得日本儿童读物的编辑手法已高度发达。但是大概是因为保守吧，他们好像不大接受外行人员的创意和参与。不过这道门槛也逐渐放低了，出现了一些编辑想要和"其他领域的专家"组成搭档的动向。不知道这么理解对不对。随着少子化问题愈发严重，出版社应该有很大的危机感吧。

如果日本的科学家、技术人员、经济学者、音乐剧作家等能和不断发展的儿童读物编辑进行技术结合的话，一定能创作出高水准的作品吧。这是在儿童读物领域才有效的"制作法"吧。

关于其他领域的作家、艺术家的加入，我已经了解了。此外还有什么变化吗？

"嗯……有大型出版社开始致力于儿童文库这一块，比如角川TSUBASA文库（2009年3月创刊）、集英社MIRAI文库（2010年3月创刊）。"

儿童文库（虽然称作文库，但版式是新书开本）原本由岩波书店和讲谈社等主要的儿童读物出版单位出版发行了很长一段时间，我觉得山井所说的这些文库在立场上有微妙的不同。

我们来看看角川TSUBASA文库的作品阵容。比如《棒球少年》（浅野敦子）原本是由教育画剧出版的儿童读物，后来随着出版集数的增多，人气越来越旺，被角川文库收录，读者群体也逐渐扩大到成年人，卖得就更好了，最后被收录进儿童文库的TSUBASA文库。《我们的七日战争》（宗田理）也是以差不多的路径被收录进来。当然还有从角川书店最擅长的轻小说领域收录进来的作品，比如《凉宫春日的忧郁》等。可以说大致的路线就是把自家卖得好的、并且想给孩子看的书进行重新改编。换句话说就是把人气小说改编成更容易被孩子接受的形态出版。虽然新书和老书混在一起，但大致特征基本一致。不管怎么说，角川是大型综合出版社，出版的作品是从广阔的领域中挑选出来的。

山井说与其他的儿童文库相比，TSUBASA 和 MIRAI 最明显的不同在于"封面设计"。他们会采用动漫风的插画来赢得孩子们的青睐。比如《爱丽丝漫游仙境》，和其他文库比较起来，我觉得孩子们应该会选择 TSUBASA 文库版。据说最近讲谈社也在不断改变青鸟文库的封面图画。角川书店总是会采取精明的战略，而集英社紧跟其后，取他家之长补己之短。

顺便说一下，在给大人看的文库和小说里也有很多封面是采用漫画设计的，比如《傀儡之城》（和田龙，小学馆，2007年）。我们书店的店员都私下议论说，如果没有小野夏芽设计的封面图案，就不会卖得那么好。对了，还有2010年爆红的《如果高中棒球的女经理人读过杜拉克的〈管理学〉的话》（岩崎夏海，DIAMOND 社，2009年）也是如此。

刚好说到这一点，我也就顺带调查了一下我们文艺类书籍楼层的小说书区展示台上展出的封面中有多少是漫画插画的设计（2013年8月末）。展台上共有102本书，其中漫画插画的设计有12本。嗯……一成多一点。内容不分领域，现代文学、悬疑小说、历史小说等都有（2017年9月的调查显示100本中有29本是漫画插画设计。我想今后还会增多）。

从几十年前起，要求扩充从小学高年级到初中、高中的读物类别，也就是绘本、童话的"下一个阶段读的书"的呼声就很高。曾有一段时期，为了让"青少年文学"这一类别在日本定型，一些中型的出版社付出了很多努力，但最终没能扎根。人们仍然十分担忧：即便小学再热心于实施"早读"，之后还是会出现"读书空白期"。

轻小说和手机小说原本都瞄准了这个年龄段。这两种形式的书籍的热卖出乎人们的意料，也刺激了一些出版社想要认真挖掘这个年龄层的动向，比如总能伺机行动、拥有大量文库作品的角川书店，还有因 Cobalt 文库而熟知低年龄层文库制作技巧的集英社。不过这只是我个人的猜测罢了。由漫画向轻小说、由儿童读物向儿童文库发展的路径大获成功，而由文学向青少年文学的发展却黯然失利。日本就是这样的国家。

山井对我的想法进行了补充，她这样说道：

"不过，青少年文学这股潮流并没有消亡。我觉得讲谈社的'YA！ENTERTAINMENT'继承下来了。勇岭薫的《都市冒险王》人气爆棚，大人小孩都喜欢看。还有上桥菜穗子（获国际安徒生作家奖）的《兽之奏者》（讲谈社文库）和《精灵守护者》（新潮文库）等系列作品，日本也有这样非常优秀的儿童文学。"

"但是，正因为大型出版社开始致力于文库的出版，所以读者群体都流向定价低的文库作品，而让精装书陷入困境。"

这样啊，继文艺类书籍之后还有儿童读物啊。这是我第二次冒出这个念头。

但是如果文库能成为获得市场认可的单行本，或发展出独立于成人书籍的品种，也就是青少年群体愿意购买的书籍形态，并能培养他们的读书习惯的话，岂不是可喜可贺？现在这个时代，沉迷于游戏和社交网络的孩子数量惊人。他们总是需要和他人保持联系，否则会感到不安。我们希望能让这些孩子体会到一个人看书的乐趣。这样也许能减轻一点家长的担忧。

我们淳久堂也许也到了该把放在漫画书区的轻小说、放在文艺类亚文化书区的手机小说、放在小说区的一部分轻小说和放在儿童读物区的儿童文库合并到一起的时候了。

最后我询问了一下有关"签售会"等活动的情况。回答很简单："以前可没办过这么多签售会呢。"

是啊，真是辛苦啦。

对 LIBRO 池袋店儿童读物负责人山井的采访到此结束。这是唯一一个能斩钉截铁地说"不会输给电子书"的领域。我猜测一定会有很多人会觉得，听这种黄金地段大型书店的辉煌业绩有何意义？但比较2006年和2015年儿童读物占整体销售总额的比例（日贩 ① 调查）后就会发现，2006年占3.6%，而2015年占5.4%（2015年同比增长3.2%）。在这样一个少子化问题持续加重的时代，儿童读物的销售额却有所上升。顺带说一下，读者年龄层

① 日本出版贩卖株式会社，与"东贩"同为日本规模最大的两家书刊经销公司。在日本主要的出版流通体系中，经销商作为出版社与书店中间的枢纽，承担着订货、进货、退货、销售、仓储、信息收集等功能，是日本出版业中不可或缺的一环。（编者注）

不同，但同属一个领域的"文学、纪实小说"的销售额同比下降15.78%，很不景气。

我乐观地觉得，虽然说的是黄金地段书店的辉煌业绩，但其中总有一两个能鼓舞人心的点吧。而且即便是在很小的街区的小书店里也会摆放儿童读物，所以儿童读物应该是一个只要下功夫就能取得市场、存活下去的领域。只是如果杂志整个崩溃，出版业整体的流通网支离破碎的话，肯定会给儿童读物这个弱小的市场带来巨大的影响。

但要真那样，也不单是儿童读物的问题了，另当别论。

文库版补记 这次采访的两年后，LIBRO 池袋总店被迫关门。山井现在在地方郊区店里当店长。我将在番外篇里讲述池袋店消亡的原委。

语言中有权力排序
—— 『国语、日语学』书区

　　我是1997年跳槽到淳久堂池袋店的，转眼已经过去十五年了。这期间我换过好几个书区，有艺术类书区、新书和杂志区、文库和文艺类书区。待的时间最长的是现在负责的文艺类书区，已经超过十年了。我现在不是主力店员，所以不负责文艺类的精华"日本文学"，而是交给王牌店员小海（旧姓胜间）裕美和田村（旧姓信井）友里绘来负责。而我则负责稍微有点麻烦的领域，讨得份清闲自在。两年前是外国文学，现在是古典文学和文艺评论，还有"国语、日语学"。

　　我从前任那里接手的时候，仔细地看过"国语、日语学"的书架。从负责人的眼光来看的话，有很多不明白的地方。最开始的疑惑是"研究国语的国语学"和"研究日语的日语学"有什么不同？名为"国语学"的书大多装订陈旧，翻开版权页一看，比较新的也是20世纪90年代的，最新也就到2000年年初。这之后的标题基本都被"日语"取代了。"国语"文字排版是纵向，而"日语"基本是横向。为什么是横向排版？我又产生了疑问。日语的文章基本都是纵向排版吧？

　　我总是会和搭档小海裕美站在书架前讨论。是不是关于日本古典文学的研究叫国语学，而比较日语和英语或其他国家语言的研究叫日语学？还是因为现在有很多外国人学日语，不是出了很多日语水平测定之类的书吗？所以就没法叫作国语学了？我俩正在瞎猜的时候，突然一位女性顾客插话道：

　　"不是的。现在国语学这种表达基本没有了。学会都改名为'日语学会'，大学的学院也都是'日语学院'了。"

　　"啊？从什么时候开始的？"

　　"学会是从五六年前（准确地说是2004年）开始的。已经不是叫'国语'的闭关锁国的时代了，日语研究现在是世界语言学的一个分支。"

　　原来如此。抱歉，我们这些店员太孤陋寡闻了。年轻的时候曾被教导过，在负责专业书籍领域之前要好好学习相关知识，而我总是临时抱佛脚。虽然时常反省自己是个不够认真的店员，但从不改正。

　　国语学也走向全球化了呢。但我过后又仔细想了一下，认为这种叫法上的"转变"一定不是在2004年突然发生的，而是在那之前有过一系列的斗争吧。比如像这样：

　　"在我国，对本国语言的研究有很长的历史，自平安时期就已经开始了。江户时期本居宣长建立了语法体系。也就是说从国学派来说的话……"

　　"不不，话虽如此，但鉴于现状，我们更需要带有国际视野的日语语言学……"

"小学的课程是国语，初中学的语法也是国语语法，高中的课程也是用国语命名，比如国语综合（据说现在是叫这个）等。只有大学是日语的话……"

可是，用语言筑造的大厦——文学老早就被称为"日本文学"了。一说"国文学"就会想到日本古典文学吧。照这个道理的话，我想理所当然要支持"日语学"这个叫法了，甚至会觉得现在才改名未免太晚了吧。

我这个起哄者的好奇心被激发了，于是稍微调查了一下，发现在20世纪80年代就出版了《讲座日语学》（明志书院）系列书籍，共十三卷（已绝版）。不过名为"日语"的书籍多半还是给外国人看的，真正的研究类书籍从20世纪90年代开始到2000年这段时间迅猛增加。随后面向一般读者的语言评论书籍迅速变身，所以现在书架里几乎所有的书上都写着"日语"。

补充一句，"国语"这个词在出版界并没有灭绝。名为"国语、国文学出版会"的出版团体也持续活跃着。夹在书中的订购单上的类别表中有时也会出现"国语学"的字样。

我记得"国语、日语学"书区在最初开店时（1997年）好像归属于人文类书籍里的语言学类别（同时还有另一个记忆：归属于语言学的一个分支。明明才过去十五年左右，我就已经健忘成这样了）。之后在2001年大扩建的时候，对类别做了调整，"国语、日语学"被归到了"文艺"类。可以说是受到了各类别之间的数量分配调整的影响。语言学出版社的业务员含糊地说道：

"只有在这里是被归入文艺类。不过因为同时还包括古典文学、文艺评论等，所以也不能说很奇怪吧。"

比起这话，我更希望他能说这里包含有关形成作品（小说也好，别的什么也好）的"语言"的法则研究。大概有点勉强吧。

实际上最好是能把关于语言的书籍归到一个楼层。思想类（四楼）有"语言学、语言思想"，语言学类（八楼）有"面向外国人的学习日语的书（以日语水平测定为主）"和"以字典为主的语言相关书籍"，我们这儿的文艺类（三楼）又有"国语、日语学"的书架。其中以语法类书籍为主，另外还包括方言、敬语、发音（顺便说一下，音乐书籍归在艺术类）、有关语言的评论，以及论文和小说的写作方法等。

和语言相关的书籍就这样分散在各个楼层，顾客应该会非常困惑吧。而且新书的放置位置也不确定，店员经常会彷徨失措。去年（2011年）热卖的《古典基础语辞典》（大野晋，角川学艺出版）也在新书上架的时候，不知道是该放在三楼还是八楼。

因为"国语学会"已经更名为"日语学会"，而且是很久之前的事情，所以书店也理应把与"日语"相关的书籍和英语、法语、汉语等其他语言的书籍一起放在语言学楼层才对啊。可是我面前共有九个七层书架，用来摆放"国语、日语学"的书籍，数量相当大。嗯……大概是语言学楼层没有足够的空间吧？

话说刚才提到有一位女性顾客插入了我们的谈话。其实之前也碰到过几次"插话"的顾客。大概是因为这个领域的顾客大多是老师的缘故吧。他们是想提醒店员要加强知识储备吧。这让我想起早前某专业类书籍的一位负责人曾教导我说:"在书架前千万别说什么'这个不知道,那个也不知道',否则会被顾客瞧不起的。我们这儿可是把专业类书籍当招牌的书店啊。"在文艺类书区待的时间长了,在书架前不自觉地说出心里想的话已成了习惯。文艺类书籍已成为我身体不可分割的一部分。往后在说"不懂的事情"之前要先确认一下左右没有顾客在听。我这个人就是一兴奋起来就会忘记顾及左右。

我问小海(她在大学学习过语法,不过是十多年前的事了):"collocation 是什么意思?和 communication 挺像的,是亲戚吗?"

"我猜不是哦,田口前辈。因为是 col 和 location 的组合,所以我觉得应该和位置相关吧。"

小海露出一副同情似的表情回答我。不过她也没有明确的答案,于是翻开这本《日语关联搭配辞典》(学研,2006年)看了起来。

"是这样的,"旁边一位女顾客插了一句,插话的总是女顾客啊,"比如,'往学校方向'这个短语后面会接'去'这个词,而不会接'读'对吧。'电影'这个词通常跟'看'或'制作'搭配使用。collocation 指的就是这种语言的自然搭配。之前没人关注过日语中的搭配，但自从有了和英语的比较研究之后，它开始受到瞩目。换句话说，这个概念源自英语语法。由于无法用日语表达出来，便直接用片假名 ① 表示了。"

原来如此。我惭愧于自己平时的不用功。

像这种标题里出现的外来语，也就是看不懂意思的、把英语生搬硬套成日语的词越来越多地出现在"国语、日语学"书籍的封面上。这就让我理解了为什么文字的排版会变成横向（有很多书里时不时会出现和英文的比较示例），因为如今日语学已然成了世界语言研究的一个分支。比如有本书叫《沟通与体恤表达 日语语用论入门》（明治书院，2010年）。嗯……这个"体恤表达"是什么？查了之后才知道是1990年前后"礼貌（politeness）理论"被引入日本后出现的研究用语。换成我们比较熟悉的词就是"敬语"之类的。那就直接用"敬语"这个词不就好了？但"体恤"所表达的是为了与对方建立良好的人际关系时用到的语言，而不仅仅是敬语，所以使用了包含敬语在内的"体恤表达"。好的，明白了。但接下去我又得查一查"礼貌理论"是什么？"语用论"又是什么？

《句法结构与文法关联》（黑潮出版，2005年），句法结构，嗯……啥？翻看了一下才知道是"日英语对照研究系列"的其中一册。原来是英语学、英语语法中的术语啊。英语是 syntax

---

① 用于表记外来语的文字。"collocation"用片假表示为"コロケ-ション"。（译者注）

structure。最近突然多了很多"生成文法"的概念。

《钥匙开门 日语非生物主语他动词句式研究》(笠间书院,2009年),嗯……非生物主语,原来还有这样的术语啊。总感觉有些别扭。

对了,日语学中占主要地位的日语语法中充斥着"全球化概念",比如 aspect(体)、tense(时态)、modality(情态)。我自知英语水平很差,但在不断地学习。Tense 这个概念还是知道的,嗯……但就不能用"时态"这个词吗?不过"时态"确实是在英文课上学的,而不是语文课。还有"暧昧语"是什么?哎?暧昧语不是英文直接翻译过来的词汇?那"突显表达"呢?我已经渐渐分不清哪些是原本日语中就有的词,哪些又是新创的词了。

我在脑海中搜索中学时代(应该是)学习语法的记忆,但已模糊不清了。能搞清的只有眼前的例句原来可以这样解释、分析和分类这件事情。不过我觉得拨开学术用语这个屏障进行类推的话,应该差不多能理解吧。但我能理解的日语只到眼前的食材为止,而说到关于它多样的烹饪方法,也就是进入语用论之类的思想领域的话,我的脑子就死机了。看样子想要真正理解这个领域的知识还需要很长的时间。

我会站在书架前思考各种各样的问题。而在这个书区也会发生各式各样的事情。

今年,也就是2012年的9月前后,不对,或许是更早的时候,好像是夏天吧，我在整理"日语学"书架的时候发现某日语研究者撰写的全四册系列书籍不见了。咦？是卖掉了吗？全四册？我一边这么想着，一边确认数据，结果发现"未卖出"。等一下，我记得在一年前左右也发生过类似的事情。对对，当时这四册书不知被谁散放在其他书架藏了起来。第一册放在同一书架的最下层，第二册在背面的文艺评论书籍的中间位置，第三册在第二册对面的书架上，第四册在哪儿来着，想不起来了。我觉得这次一定也是同一个人作的案，于是开始寻找。但敌人有了一次经验后，藏匿地点变得更隐蔽了，怎么也找不着。因为不能光找书而把其他工作放到一边不管，所以只能在空闲的时候找。我也拜托其他员工"留心着点哦"。找到最后一册的时候已经到了第二天，藏在近代文学的书架上。还好不用跋山涉水跑到其他楼层去。而且这次有一本新出版的自传也不知去向，为了找它，花了一个月左右的时间。

　　之所以会发生这种事情，是因为书架的负责人做事马虎，被人看穿也一定不会发现，真是切中要害啊。虽说如此，但这种做法实在恶劣。而且是一年后再犯，是个确信犯①。当一名学者好像是有我们想不到的辛苦之处啊。俗务缠身的我之前一直对学者们的不谙世事、泰然自若感到"羡慕嫉妒恨"，但发生这个事件后，我不禁生出一丝同情。又或者是因为有什么隐情？

---

① 　"确信犯"是德国刑法学者提出的法律术语，原指个人基于自身的道德、宗教、政治等理念而实施犯罪，后在日常生活中被简化为"故意犯罪"和"习惯犯罪"。（编者注）

不会是"婚外情问题"之类的吧。即使做出这样的事情，也只有我能发现得了（而且还写进书里）。

倡导（采取）划时代的或者是挑战性的理论（态度）的学者及其弟子们会受到冷遇吧。据说这在学术界是家常便饭。说到这里，我想起一开始负责这个书区的时候，出版社的业务员曾跟我讲述过三上章——代表作《大象鼻子长 日本语法入门》（黑潮出版，1960年，1964年增补改订版，1984年）——的经历。他当了很长一段时间的初中数学老师，工作之余潜心研究日语语法。他生前在日本的学会里评价很低，但在他去世四十多年后的今天，后人翻出他的理论探讨得热火朝天，不如说他的理论如今已逐渐成为日本语法研究的主流。详细情况可以参看传记《抹杀主语的男人》（金谷武洋，讲谈社，2006年，现在断货）。不过据说这本书在学会得到的评价也是褒贬不一。学会难不成是个伏魔殿？

我还想起一个人。那就是刚才提到过的《古典基础语辞典》的编者大野晋。在我们看来，他作为一位国语学者，凭借《日语练习册》（岩波新书，1999年）等畅销书早就声名远扬，还有知识分子称赞他为国语学的巅峰级人物，但他在学界受到的待遇却与他的名声不成正比。他也有一本传记，叫《孤高 国语学者大野晋的一生》（川村二郎，东京书籍，2009年，现在为集英社文库）。我读过之后才了解到，原来所谓的"学者"是这样的，十分感动。

前几天读到一本很有意思的书，叫《日语结构详解》（町田健，研究社，2000年，2012年第六次印刷）。书里举出了初中学习的语文教科书和参考书中的"不充分的、存在矛盾的"例句，以此说明现在学校里所教授的语法无法完全解释日语的结构，并指出这种课堂内容会让学生讨厌语法。他还援引了桥本进吉（1882—1945）、时枝诚记（1900—1967）、大野晋（1919—2008）这三位对学校语法影响巨大的大师级学者的学说进行论证。顺带一提，作者在最后一章对"町田语法"作了阐释。町田健是位语言学家，主要研究索绪尔学说、法国语言史。有关语法的著作有《生成文法详解》（研究社，2000年）。

我作为一个外行，在一定程度上也能理解这本书中的町田理论。但即便如此，也不能断言三位大师的学说本身是错误的。桥本进吉和大野晋是师徒关系，他们通过研究古典文学（特别是上古时代），奠定了"国语学"的基础。我的理解是，研究日语的结构是基础，而语法是从这个基础研究中衍生出的学问之一。时枝诚记对当时盛行的索绪尔学说进行了批判，一直主张日本传统的语言观。他认为语法研究应当依据"语言过程说"（虽然我不是很懂）这一基础理念展开，而不是收集被认为重要的实例进行分析。

整日面对书架上各类日语语法书的我得出的结论是：目前日语语法的主流研究大概是"现在正在使用的日语本身，以及在词与词的连接中能找到什么样的规则"。国语学或是日语学，终归不是作为语言学这个大体系中的一部分而进行的研究。虽然有学者从日语的历史发展角度来讨论，但大致都是"实用日语研究"。这是我认真地和书架对话后，得到的答案。

与其他许多学术研究一样，日语学也仍在不断发展。无论三位巅峰级大师在近现代国语学研究史上有多么杰出的成就，但研究仍会随着时代的发展不断更新。这也意味着"国语、日语学"非常深奥。而文部（科学）省①却没积极地把逐渐明朗化的日语语法纳入教科书里，这是有问题的。顺便说一下，大野晋曾参与国语审议会，但似乎也很难说服文部省官员（摘自《孤高》）。

我为什么会特别在意日语研究这个书架呢？其实无论哪个研究领域都有新的浪潮，一直在变化（进步？）。任何领域都没有固定的体系，日语研究当然也不例外。而且这个领域在日本已有1000年以上的积累，研究框架也大致确立了。就算变身为"以世界为轴心的研究"，也不会超越这个框架。再说是"日语研究"，所以教材中的日语本身应该不会有丝毫改变。不对，这是应该的吗？

有一本书叫《日语灭亡时 在英语世纪中》（水村美苗，筑摩书房，2008年，现在是筑摩文库本）。它一直印在我的脑海里，挥之不去，让我忧心忡忡。

书里的文字吸引着我的眼球。开篇就断言说："语言有权力

---

① 日本中央政府的行政机构之一，负责统筹日本国内教育、科学技术、学术、文化及体育等事务。（译者注）

排序。"之后继续写道："语言正发生着前所未有的两个异变。"
书中介绍了这"两个异变"。虽然文字有点长，但我想在此援引
一下：

第一个异变是"现在世界上有大约六千种语言，其中八成
以上的语言预计将在本世纪末之前灭亡。在历史长河里，有无
数语言诞生了又灭亡，而现如今，语言的灭亡远比诞生的速度
快。（中略）人口向城市的聚集，传播手段的日渐发达，以及国
家的强制，这些都导致语言正以前所未有的势头走向灭亡"。

第二个异变是"英语正逐渐成为世界的通用语"。作者断定，
语言逐渐收缩成单一品种。而世界上唯一的"单一品种"便是
英语。胜出的是英语。

我心中的不安情绪愈发浓烈。

传记《孤高》中记录了大师级学者大野晋说的这样一段话：

"人们以为，只要在日本这个国家生养长大，就自然会具
备使用日语的能力。但语言这个东西，并非如此。在日本，老
师甚至会使用考试的手段让学生记住外语的发音，但却不教授
日语的发音。难道不觉得这很不可思议吗？光凭这一点就能看
出，日本是多么轻视国语教育了吧。

"光是喊口号说要守护日语是无济于事的，因为语言是优
秀文明的附属品。要想守住日语，我认为要么创造出一个像'卡
拉 OK'那样让全世界人民喜闻乐见的东西，要么建构出一套
令人觉得'这个想法真棒'的理念，只有这两条路可以行得通。
这种发明、发现的根基在于国语，因此我从很早以前就一直强

调，要加强国语教育。小学应该取消理科和社会科的课程，多给孩子读些与课程相关的好文章。"

现在已经没有像这样大声宣扬日语教育的重要性的学者了吧？那么，日语真的会灭亡吗？

我每天都会伫立在书架前发问。

补记　2014年1月底，《令人吃惊的日语》（Roger Pulvers，集英社）出版了。作者是生于美国、拥有澳大利亚国籍的一名作家兼编剧，作者简介里写道："在日本生活了将近半个世纪"，"周游日本各地，惊叹于日本和日本人的特质和独特性"。

因此这本书（如书名和简介所示）是在赞美"日本和日本人"的根基——"日语"。发售一个多月后，才有了反响。书评的字里行间都透露出"这样的书，我们等了太久"的感叹。

大概是因为这本书恰好符合读了书评的读者和本店的顾客群体的审美，所以尽管是在不起眼的领域，却卖得火爆。然而，说是畅销书，也不过是一个月大约一百多本的销量罢了。

何为书店之美

——LIBRO 池袋店的 40 年

2015年3月4日的《每日新闻》上登载了一篇报道，名为"体现 Saison 文化的'新学院派'圣地 LIBRO 池袋店6月关店"。虽然从2月左右开始，这个消息就已传遍整个业界，但看到报纸上的报道时，"我们"再次受到深深的打击。

"我们"是谁呢？我这个1976年进入当时的西武百货商场书籍部（1975年设立），1997年离开 LIBRO 的老员工自然是其中一员。但"我们"中的主要成员当属那些记得池袋店书店时代的顾客群体。这个时代就是《每日新闻》的报道标题里所提到的，并在5月11日《朝日新闻》的报道标题中也写到的"书区设计棒，书籍好销量的时代"。"我们"中还包括现在或曾经在 LIBRO 任职的书店店员们。为了他们，我也要把"LIBRO 池袋店"记录下来。

我离开 LIBRO 快20年了，但为了了解"20世纪80年代到90年代初期的 LIBRO（以下指池袋店）"的情况，我拜访了福田和也等好几位"文化人"。这次也和《每日新闻》《朝日新闻》

的记者稍微聊了聊，从这两位记者的背后，能窥视到很多名"在那个时代频繁往来 LIBRO 的记者们"的身影。啊，我暗自猜测，他们是怀着浓浓的惜别之情写下这些报道的吧。这是最好的饯别了。

是谁创造出了"那时的 LIBRO"？除了在门店工作的众多员工之外，有"君临"书店的中村文孝和今泉正光，有在背后支持这两人工作的老板小川道明，还有虽然是间接且真意不明，但却持续保持最大影响力的堤清二。

堤清二作为一名经营者，没有留下自传或关于经营方法的总结，所以我必须事先说一下，本文中有关堤清二的内容都只是猜测。不过幸好其他三位都有作品。小川的《书架的思想》（影书房）、今泉的《"今泉书区"与 LIBRO 时代》、中村的《LIBRO还是书店的时候》（2010年、2011年发行，两本都是和小田光雄合著，论创社），三本书的标题都饱含深情。下面我要写的"LIBRO 故事"，参考了这三本书中的记录，而且与拙作《书店风云录》（书的杂志社，现在为筑摩文库本）有很多重复的地方，敬请原谅。

西武百货商场书籍专柜（1985年成立 LIBRO）于1975年在十一楼开张。当时叫作西武 Book Center（以下简称为西武BC），面积有300坪，在当时能挤进东京书店的前五名（顺带一提，淳久堂池袋店现在对外宣称有2000坪）。同一层里还有专卖诗集的书店"Poem Parole"。十二楼是西武美术馆，同一层里还有专卖外国美术书籍的书店"Art Vivant"。与美术馆组队、与专卖外国美术书和专卖诗集的书店联手，是"确定 LIBRO 特色"的第一步。但最有必要组建"优质搭档"的应该是堤清二的西武百货公司吧。

LIBRO 是在西武百货公司老板堤清二的"决断"之下诞生的（决断之前定的方案是有邻堂进驻）。百货公司有自营的大型书店，这是前无古人、后无来者的事。因为出版物是利润最低（百货公司的人曾劈头盖脸地对我说过）的商品。然而堤老板下了决断，并委托老相识小川道明担任掌舵人。一切从此启航。

小川道明曾对开店一年后就入职的我说过很多次："我希望在我们店买了书的顾客，能在回去的路上顺便去逛逛百货商场。"也就是说西武 BC 必须成为"在尽可能利用百货商场这一有利位置的同时，能给百货商场招揽新的顾客群体"的书店。因为书籍部当时是百货公司里"最小的部门"，却是"赤字最多的部门"。小川还说："就算有堤老板撑腰，但没完没了的赤字也说不过去。我们必须要有盈利，独立出来。"百货公司管理层一直有人背地里指着小川的脊梁骨说他是"蛀虫"。小川的精神支柱是"堤清二选择了自己"，他强烈渴望能"创造出一家有投资价值的书店"。

将小川的想法落到实际的书店员工，是从开张起就入职的中村文孝和1982年调来池袋店的今泉正光。

"一开始是全部交给日贩（经销商，它与东贩两家公司几乎瓜分了日本的出版流通市场）。"中村说道。毕竟是突然决定要自己经营书籍专卖区，公开招聘来的员工里只有两三人曾在书店工作过。和日贩之间的合作一直持续到撤出西武百货，而这也是书店撤出的重要原因。

　　书籍专卖区里有一个巨大的（2坪左右？）大理石台子，用于放置新书和展览。那时候在书店里还没有书展这个构想，而中村是把百货商场的构思照搬了过来。百货公司为举办活动提供的预算很丰厚。开店活动是"未来社全书展"，为的是给读书爱好者留下"有骨气的一家书店"的印象，向外界宣称"我们不是百货商场里的只卖女性、儿童书籍的书店"。之后陆续制订活动的企划案，宣告"新书店"的诞生。比如，在"一个人的出版社的书"和"企划 PR 志"等活动期间，收集了一般书店很难进到货的书籍；还有特设"芭蕾之书"这样的主题，就连大书店都不会设置这种专区，但我们会拿来出售。而且还利用百货公司的配送系统，将 DM① 寄给全国的芭蕾舞团。此外还举办了二手书集市。开张第二年，利用百货商场的活动场地，展示出售了"地方、小出版流通中心"的出版物。电视台还进行了报道，因为这给既有的出版流通体系增添了一股新气象。渐渐地，西武 BC 为世人所知晓。因为我们不断地制订出在其他任何书店都见不到的活动企划，这在社会上也获得了不小的反响。百货公司的高层也渐渐改变了原有的看法："老板的这个得意弟子，虽然是我们公司的继子，但好像有两把刷子啊。"

　　中村好不容易在百货公司有了立足之地的时候，西武百货

---

① 　Direct Mail，直邮，通过发送商品指南进行广告促销。（编者注）

陆续开设了多家分店。为了在各家店铺设置书籍专卖区，中村被调去了总部。而代替中村来到池袋店的便是今泉，那时正是1982年。今泉充分发挥了自己从学生时代培养起来的人文书籍的造诣，在之前的任职单位曾努力尝试拉拢当地的文化人。小川对他的能力给予了很高的评价。小川原本就是"这个领域的人"，与堤清二同属一类，也就是宣扬战后民主主义的（左翼）知识分子，对"书籍的力量"深信不疑。他尤其希望人文类书籍能成为专卖区的支柱。

时间倒回20世纪80年代，那是个后现代、新学院派林立的时代。在拙作中也引用过这段话："后现代主义的思想（中略）在20世纪80年代中期，作为年轻一代的流行思想，不仅在大学内，在大学之外也受到追捧。但随着时代的变迁，它逐渐被遗忘了。日本的后现代思想作为流行思想，大多被叫作'新学院派'。"（《动物化的后现代》，东浩纪）作为书店的LIBRO无疑是新学院派之外的信息传播中心。我认为之前的书店是"摆放信息的地方"，而LIBRO是第一个具备"传播信息"功能的书店。但如东浩纪的概括，LIBRO在20世纪90年代中期结束了这一职责，不得不进行转型。这不全是因为"时代"的变迁，坦率地说应该归因于"堤清二的下台"。而如果认为堤清二是"时代之子"的话，那大概是时代的错吧。《朝日新闻》电子版（2015年5月11日）刊登的题为"体现Saison文化、解放个性的书区LIBRO池袋总店即将关闭"的报道的旁边，伍迪·艾伦身穿和服，手举一张纸，上面亲笔（？）写着"美味生活"。这是浅叶

SINCE 1997

JUNKUDO IKEBUKURO

20th Anniversary

日本自1997年起书籍销量、实体店开始不断减少。这本书记录了一位在大型书店工作的女店员，在生产知识的出版业与追求销量的零售业的夹缝之间，如何面对每日的工作，寻找工作的价值。

在纸书不断被唱衰的今天，这本以书店为主题的书能被翻译、出版，我感到非常高兴。相信中国依然有不少热爱纸书的读者吧。真的太好了，非常感谢。

——田口久美子

淳久堂池袋总店 20 周年纪念 店内展示图 ②

（绘者 斋藤加奈）

克己的设计。这让我再一次强烈感受到"Saison 文化"带来的冲击。

　　虽然有时代的推进，有小川的期待，有中村打下的基础，但我认为 LIBRO 在那个时候能成为"LIBRO"，靠的是今泉正光个人的力量。

　　他的主要信息来源是"人"。今泉在店内看到大学教授、评论家，便会积极地上前攀谈。只要是他盯上的"人"，他都会毫无顾虑地去接触，甚至会直接跑到别人的大学教研室或家里去。今泉回顾说："跑得最多的应该是吉本（隆明）先生那里吧。"今泉曾无数次"拜见吉本"，我也跟着去过。

　　另一个信息来源是《现代思想》《文学》等杂志。今泉在谈到书的话题时说："在复读的那段时间，我阅读了大量的书籍，它们塑造出了现在的我。"

　　对今泉而言，具有决定性意义的一本书是《结构与权力》（浅田彰）。与它相遇是在调来 LIBRO 的第二年，也就是1983年。当他得知这本书计划出版后，立即强烈要求出版社增加印刷册数。出版后又大力售卖，只要是有熟人来店里，他就会推销这本书。总之，书卖得很好，也许应该说是今泉卖了很多。紧接着出版的《西藏的莫扎特》（中泽新一）也是同样的情况。对书店而言，"卖出"这个词是一枚勋章（今泉得到的最高勋章是《现代思想 入门（别册宝岛）》，据说卖出了五千本）。今泉的销售业绩轰动了整个出版界，大家都知道"LIBRO 里有个今泉"。

但今泉却说："不，我觉得对我影响最大的是在《结构与权力》出版之前，我们办的一场名为'寻求新的知识体系'的书展大获成功，它让我确信在这个领域里存在很多读者。于是我就决定要朝着这个方向勇往直前。"总之，今泉的策略就是只要他相中的书籍出版了，他就会围绕这本书的内容举办书展。在《结构与权力》出版的时候，当然也举办了结构主义的书展。此外还办过浅田彰和中泽新一的选书活动。

就这样，西武 BC 一点点地变身为"LIBRO"。如小川预想的那样，不，是超出预想，今泉怀着一腔热血，将堤清二设想的书店变成了现实。因为他坚信这才是书店能在百货商场里存活下去的最佳发展道路。

但我认为，今泉所做的不仅是为了实现堤清二的理想，也是为了达成"今泉自身的自我完善"。中村文孝也是一样。两人都在堤清二的手掌心里愉快地舞动。

1985年，书籍部从西武百货独立出来，更名为"LIBRO"。百货公司的养子从此变成了租客，但当初还算是"亲戚租客"。我记得它是由百货公司100%出资的子公司，但也许西友也共同出资了。所以 LIBRO 起步之初还是完全仰仗西武百货的支持。店铺租金当然是支付了（从百货公司来看是"不足挂齿"），但电费、清扫费等开销，还有开店的经费都是欠着百货公司的账。不过 LIBRO 有堤清二撑腰，后者自负地认为 LIBRO 已成长为承载西武文化的一大支柱。

1986年的一天，我（当时任职于船桥店）碰巧路过池袋店，今泉正光一脸喜悦地对我说："《反俄狄浦斯》（德勒兹、伽塔利）出版了哦。船桥店进货了吗？"见我支支吾吾的样子，今泉进一步追击。据他说，进的300本在首日基本全卖光了。"你看，我们的展台上不会放5000日元以下的书。"他当时一脸自豪的样子，我至今记忆犹新。20世纪80年代后期，书店会把高价的思想类书籍，比如《词与物》《从混沌到有序》平摊在展台上。

LIBRO 是与美术馆组合在一起开张的。今泉调来池袋店之后，又增加了 Studio 200，负责人是堤清二的诗人朋友八木忠荣。（老堤总是把他的朋友或熟人安排在文化事业的要职上。Saison 文化就是堤清二这个人啊！）Studio 200主要作为上映电影或演出戏剧的场所，但今泉会在没有电影和演出的时候，见缝插针地举办"座谈会"。"印象深刻的还是吉本隆明先生。再就是搬到地下以后举办的'日本精神的深层'主题活动，当时除了书展，还在 Studio 200举行了研讨会，请来了纲野善彦、上野千鹤子、藤井贞和、山口昌男、宫田登，阵容很强吧？"

没错，LIBRO 在1989年"搬到了地下"，是和西武美术馆的搬迁同时进行的。美术馆是因为"一流美术馆在遭遇意外的时候要保证能迅速把展品迁出，所以必须在一楼"这个理由搬到了楼下，还以此为契机更名为 Saison 美术馆。

LIBRO 则搬到了与百货商场主楼相连的 SMA 馆的地下一、二层。总面积大概有500坪吧。直到1995年为止，LIBRO 一直在这个位置营业。负责店内布局和物件设计的主要人员是中村文孝。中村文孝常说："店铺环境能体现出书店想卖什么和怎么

卖。"所以他把与主楼相连的地下一层的布局设计得能体现出
"LIBRO"的特色，也就是把"文艺类、专业类书籍"摆放在正
面入口处，在隔着一条很宽的通道的、靠近明治大道的一侧摆
放"Poem Parole、Art Vivant 和艺术类书籍"。杂志、实用类书籍、
文库本、儿童读物、学习参考书、漫画等这些书店营收的主力
军被放到了地下二层。顾客可以乘坐 LIBRO 入口附近的扶梯下
去。这些在人们的日常生活中必不可缺的书籍是不折不扣的幕
后英雄，它们在营收上与只有知识精英才能读懂的晦涩书籍取
得了平衡。

文艺类书区里最显眼的是名为"POST-"和按"与美国相
关的文学、思想、艺术、精神世界"等关键词分类摆放的书架，
占了10坪左右。里面有塞林格、菲茨杰拉德、凯鲁亚克、巴勒斯、
卡佛、麦克伦尼、巴克敏斯特·富勒、莱尔·华特森，还有村
上春树。在那个时候，不，也许现在仍是如此，我们会认为"村
上春树是美国的"。

而中村和今泉的真正意图，在于正面入口附近的
"Concordia"①。这是书店还在楼上的时候，为了强化"人文思想
书的 LIBRO"这一概念而创建出来的陈设架。占地面积5坪左右，
从顶上看是一个十字形的山状物体，宽度与正反面书架相当。
如果说是个"交错的三角形阶梯式物体"会不会更好理解？"我
们当时想做一个根茎式空间。"中村说道。今泉在这里把"创建

---

① 拉丁语，意为"协和"，带有宗教色彩。（编者注）

书区"的行为具象化了。媒体把它称作"今泉书区",并评价道："按相关的关键词类别组成书区,体现了思想与时代。"

在拙作《书店风云录》里,今泉谈过 Concordia。他说：设立那个书区的目的是立体地表现"世界的知识潮流"。我们做了很多种尝试,也经常在书区里办书展。印象最深的是"作为思想的基督教",把正统基督教史和神秘主义的书籍搭配在一起,试图去发现现代思想的源泉。其他的书区呢？面对我的追问,今泉回答道："有亚里士多德派系和柏拉图派系吧,欧洲思想实在是错综复杂啊。另外还有社会学、政治学和后现代,文学领域的话有陀思妥耶夫斯基、卡夫卡吧。书区会随着时代变化而改变。我会把50个左右的关键词排列出来,做成表格,绞尽脑汁进行组合搭配。"

Concordia 成了 LIBRO 的象征之塔。我认为 LIBRO 顾客的厉害之处是,就算经常举办这种水准的书展,销量依旧保持稳步增长。最近,读书的方式发生了改变,比如研究宗教的学者开始阅读心理学书籍,也会涉猎人工智能领域。感觉是想从原本封闭的专业领域中跳脱出来。当时这被称作"知识跨界"。但最主要的顾客群体既不是学者也不是研究人员,而是对知识充满好奇心的普通青年,年龄以20—30岁为主（这些人现在都已经四五十岁了,他们记得"那个 LIBRO"）。我认为,最早察觉到这一点的书店店员就是今泉。之后中村设计出了能将"知识跨界"具象化的"书架"。不过,今泉曾抱怨过："三角形的架子放不了很多书,而且没有隔板,很难用。"

　　1991年堤清二辞去 Saison 集团代表一职。之后，LIBRO 的母公司换了好几个。小川所期盼的"自立"最终没能实现。一开始是西友，后来变成全家，再后来又是 PARCO，到此为止还都是原西武百货的相关企业。2000年 Saison 集团解体，2003年 LIBRO 转移到创业以来一直合作的经销商伙伴日贩的旗下。2006年，西武百货公司被7&I 控股股份有限公司收购，成为与伊藤洋华堂、7–ELEVEN 同系列的公司。铃木敏文是当时的公司总经理，也是现在的董事长（现兼任经销商东贩的副董事长）。日贩和东贩是控制日本出版流通的两大经销商，真是不可思议的因缘。

　　LIBRO 无法再继续保持自身特色的具体转折点，是1995年转让给书籍馆那会儿。那时候它是全家旗下的子公司。从母公司空降来的 LIBRO 新老板，格外热衷于否定原来的"LIBRO"。而且房东百货公司也像报仇雪恨一般，一个劲儿地在"脱堤路线"上狂奔。作为堤清二的象征符号之一的 LIBRO 一刻也支撑不下去了。新老板建立了新组织，每天召开会议和研讨会。后来，以今泉为首的骨干店员接二连三地离职。

　　1995年的转让就是在这样的状况下执行的。地下二层变成了停车场，很多书籍被收到明治大道一侧的很靠里的位置，店名改成书籍馆。解体的 Concordia 和 POST– 书区里的书都回到各自原来的书架上。一段时间后，Art Vivant 和 Poem Parole 也撤出了。LIBRO 变得和其他普通大型书店一样，将支撑营收的书籍摆到了店前。但人文、思想类书籍并没有滞销，尤其是新书卖得比商品数量多几倍的淳久堂还好。我想，这是因为LIBRO有它自己的历史。

次年1996年，日本的出版物营收迎来巅峰。之后便一个劲儿地下滑。2000年底，亚马逊登陆日本（现在占日本书籍总销售额的将近20%）。亚马逊不仅带来了线上书店这种业态模式，还充分利用了日本政府对外国企业的税金优惠制度来积蓄实力，并引进会员积分制对日本的书店施压，甚至牵连到公平交易委员会。日本整个书店市场都受到极大影响。顺便说一下，2014年的出版物总销售额（含亚马逊）是巅峰时期（1996年）的60.4%。书店数量也只有62.5%（2014年对比1999年）。当然这不能完全归咎于亚马逊的出现，但不可否认其带来的巨大影响。

2003年LIBRO的母公司变成日贩。日贩在经销商业界也是较早导入网络系统的公司，所以大幅节省了LIBRO的店员在销量确认、订购、查询等业务上花费的时间。顺嘴闲扯一句，在IT化不断向前推进的今天，判别书店店员是否优秀的项目中加了一条"能否熟练使用网络"。昨天刚进公司的IT男孩比我这个老员工找书的速度还快。只要在书架上标注好编码，就算不分书区，顾客也可以通过检索机找到想买的书。在书店营收最好的时候，我曾抱怨过："平均每3分钟就会被顾客问一次某某书在哪里，搞得往书架上摆书的时间都没有了。"现在回想起来就像做梦一般。

企业老板都在削减人事费用，LIBRO也不例外。业务量减轻了，人事费用自然就能削减。并且百货公司和 LIBRO 之间断绝了亲戚关系，房东自然会要求租客缴纳与占地面积、地理位置相匹配的租金。我经常听到 LIBRO 的骨干员工抱怨道："上司说就算裁了员，这家店还是亏损。"更复杂的问题是，房东的顶头上司从2006年变成了铃木敏文，他是日贩的竞争对手——东贩的董事。

"我们经常私底下议论，LIBRO 什么时候会被赶出去呢？"我认识的一位原西武百货公司的中层管理人员曾对我说过好几次这样的话。理由就是，变成铃木敏文体制之后租金门槛更高了。撤出消息在去年秋天就透露给了 LIBRO，但足足半年过去了，"下一个入驻商家"依然确定不下来。我们私底下都在传，说书店应该不会进了，不，如果是这么高的租金，应该是进不来吧。之后最终确定入驻的还是书店，经销商当然是东贩了。这应该是铃木敏文的7&I经营构想蓝图中的其中一块。LIBRO 终生都逃脱不了"母公司的恩怨"。

LIBRO 是个"跨行业加入"的书店，有赞助人堤清二在后面撑腰，凭借"令人耳目一新的店铺宣传"曾风靡一时，但在40年后以"撤出"收场。然而，即便旗舰店没了，LIBRO 还有86家全国连锁店开着。如今街上的书店陆续关闭，所以我觉得在全国各地铺开连锁网是存活下去的重要途径。

无论是规模还是影响力，都与 LIBRO 有着天壤之别的亚马逊，这家"从异国他乡闯入"的书店，以外国企业的身份得到日本政府的支持，凭借"全新的销售系统"席卷日本的书店界

整整十五年。在今后的二十五年里，日本的书店界又将会描绘出怎样的版图呢？（刊载于《书的杂志》2015年8—9月号）

　　补记　LIBRO撤出后，老字号三省堂书店入驻。淳久堂进驻池袋的1997年，这里被称作"书街·池袋"。这几年，不断有书店撤走，但"书街"尚存一息。令我感到遗憾的是，如果铃木敏文的倒台（2016年4月）再早一年的话，LIBRO会是怎样的结局呢？LIBRO旗舰店的消亡对书店界来说，应该是一次重创吧。

与池袋有何不同

——书店重组和体系

　　我跳槽到淳久堂工作是在1997年4月。老板是创立者工藤恭孝。淳久堂以三宫为中心向外拓展，集中在关西地区的有大约10家店，是一家中型连锁书店。之后的10年，店铺数量缓慢增加，但从2009年被大日本印刷公司收购、与丸善合并的那几年开始，店铺数量急速增加。到2013年8月，全国已有73家店铺（文具专卖店除外），升级为大规模连锁书店（截至2017年8月，共有101家店铺）。

　　合并之后，周遭一直不得安宁。为了筹备新店开张，从老店调派人手，而且一去就是很长时间。丸善和淳久堂之间的人事交流也很密切，随处可见新面孔，而熟悉的面孔被调走，人事变动剧烈，各种传言满天飞。

　　还有与日常业务相关的系统操作的变更。几乎在与丸善合并的同一时期，文教堂也被大日本印刷集团收购了，所以必须变更为两个公司通用的系统。这种变更对我这种上了年纪的员工来说实在是一大挑战。而且之前的系统是淳久堂的员工根据店里的要求，一点一点制作出来的，即便当时怨声载道，但现在想来真的十分好用。简单来说就是，在一个界面里可以获取到各种所需数据，进行下一步操作时也不必回到主界面就可以直接进行。这样简单的操作现在做不到了。现在如果滚动一下鼠标就点不到"OK"。太难用了！弄得我很焦躁。闲置三十分钟的话，就要重新输入责任人代码登录。此外还有无数"槽点"。大概是对门店的情况一窍不通的系统人员做出来的吧，我生气地大骂道。但是年轻员工很快就掌握了操作方法，果然还是因为我年纪大了啊。不对，应该是年轻人比较能忍耐吧——我在心里思来想去。

"也就是以前一秒能搞定的东西，现在需要两秒罢了。而且田口前辈，现在安全性很高哦。"年轻店员对我这样说道。才不止两秒，起码五秒吧？我又不禁怒火中烧。安全性？谁管啊！对不起，其实对系统人员来说，这才是最重要的对吧？

不过，我规劝自己说，应该说十年就是一个时代吧。就在不久前，我们还处于"什么是系统？""书店里干吗要装电脑？"的时代。还想着如果能学会用电脑，就可以像神仙一样解答顾客的一切疑难问题，那该是多么令人庆幸的事情，等等。

但即便如此，我也觉得应该稍微听取一下门店的意见。我们店员想要马上获取的数据，与系统设计者所考虑的必要数据之间，应该是有一些差别的吧。可是，无论解释多少次，都没有任何改善。

我每天感叹：公司合并扩大真是劳神劳力啊。俨然像个新人。不过，合并后是按"淳久堂方式"运行，所以丸善的员工们想必更郁闷吧。

对了，不知道伊藤美保子现在怎么样了。伊藤是今年（2013年）春天从池袋店调去丸善丸之内总店的。

伊藤美保子1992年进入淳久堂SUNPAL店（神户，1982年开张）任职，1997年池袋店开业时，我们在一起工作过（我在《书店繁盛记》里也提到过伊藤）。我在池袋店就像店主落户一样待着没动过桩，而伊藤从进公司起就一直被调来调去，算上这回调去丸善，已经是第八次了。无论是去为大型分店的开业做准备，还是去挽救经营不善的门店，伊藤都拼尽全力。负责的书区，按淳久堂的分类，一直都是社会科学类书籍。这一类别在池袋店是营收最好的，而丸善丸之内总店的销售额在全国范围内也是名列前茅的（准确的数据没有公开，所以我也不清楚，但我觉得应该是日本第一）。自2004年开业以来，丸之内总店应该积累了不少销售技巧吧。

首先，淳久堂和丸善这两家公司的历史文化沉淀有差异。1976年起步的淳久堂和1869年创业的丸善，在销售方式上就完全相反。淳久堂看重质量，丸善则看重数量。性格如此迥异的两家店，现在却同属于一个集团公司。跑遍淳久堂各大分店的伊藤，又将在丸善如何工作呢？

淳久堂池袋总店（以下记为池袋店）与丸善丸之内总店（以

下记为丸之内店），从楼层介绍就能发现伊藤负责的领域是不同的。池袋店是法律、政治、经济、商务，总称为"社会"，而丸之内店是法律、政治、经济、经营等专业书籍和商务类书籍。在丸之内店的楼层介绍里看不到"社会"这个词，而且法律、政经、商务书区是在一楼，所占面积（如果看楼层介绍的话）是整个书店的七分之一左右，但销售额应该占到整体的将近三分之一吧。顺带一提，池袋店一楼的入口是服务台，再往里是杂志区（2017年改为入口摆放新刊书籍，往里是杂志，再往里走才是服务台），社会书区在五楼。

丸之内店的一楼是"商务书区"。我在一个工作日的傍晚去那里找伊藤，在等她下班的这段时间里我无所事事，便观察了一下她负责的区域。一眼望去，果然几乎都是上班族。只见一位年轻人卷起白衬衫的衣袖，一手拿着书，一手用手机记录着书的内容。站在最畅销图书展台前，不时地伸手拿起书来看的也是一位穿着白衬衣的中年男性。还有一位年长一些的男性，站在白皮书的书架前，一边将眼镜往上推，一边拼命地翻看手里的书籍。放眼看去几乎都是男性顾客，偶尔会看到女性、学生模样的人零星夹杂其中（对面左侧的就职、资格证书书区里会有一些）。当然在这一层看不到带小孩来的顾客。而且几乎所有的顾客感觉上都是因工作中有需要（因为很多人都没拿包），或者是为了配合工作时间而来到这里（这种人手里拎着包，穿着西服）。工作日下午将近五点，竟然有这么多上班族在书店里！

这情景让我想起在 LIBRO 儿童读物书区得到的经验，那就是这种畅销书店会来很多出版社的业务员。时不时会看到一手拿着文件夹调查库存的大叔，还有和店员站在一起闲聊的大姐。

这里就像是日本的商务人士（应该可以说是商务精英）聚集的地方。这让我萌生一个念头：想问问伊藤，日本的商务人士都是怎么买书的？感觉光是讨论这个问题就很有趣。

先说说和伊藤聊完之后的事。在回家的路上，我想起了在 LIBRO 任职期间的上司小川道明。那时候小川还是总经理，我是第二次调到池袋店工作，所以应该是20世纪90年代初期吧。有一天，小川面露喜色地这样说道：

"今天啊，三菱（我不记得是商事还是不动产了）的人来了，说丸之内有再开发的计划，想建一个大型书店，因为那儿周边没有大书店很不方便。那位三菱的职员说他在学生时代曾是今泉书区的粉丝，要是我们能入驻就好了。不过这个租金，不知道付不付得起，虽然和其他行业不同，会便宜点。"

大概是说了这么一番话。听了之后，我也对 LIBRO 的未来发展充满期待。但最终是拥有历史传统的丸善占据了那块我们期许的地盘。

仔细想想会发现，同样地处东京站的对面，丸之内与八重洲 Book Center（1978年开店）的开店理由稍有不同。丸之内是优先考虑"为了商业街而开的书店"。而八重洲 BC 当初的目的是尽可能多地摆放各种书籍（漫画除外），换句话说，它有更高的目标，不仅是为了满足周边上班族的需求，还要开拓全国市场（这与1997年开张的池袋店十分相似）。说起1978年，那时候新书出版的数量也还不算多（大概是现在的三分之一？），我觉得1000坪左右的店铺面积（开店初期大概是这个大小？）应该就足够容纳了。顺带提一下，八重洲BC的一楼是新书、文艺类书籍和文具等，二楼是法律、经济、商业类书籍。

和伊藤聊之前，我先拜会了店长壹岐直也。他向我大致介绍了一下丸之内店的情况。我越听越觉得这个地理位置非常优越，并且看得出丸善在尽力发挥这个位置的优势和丸善自身历经多年建立起来的品牌优势。和我的预测不同的是，虽然这里的主要顾客群体是男性，但最近35—39岁年龄段的女性顾客逐渐增多。她们会毫不犹豫地一次性买好几本书，都是优质顾客。另外，业绩最高峰是在周五，周日营业额的下降幅度比我预测的小。也就是说，整个丸之内地区吸引顾客的能力很强，顾客范围也相当广，在周末它充分发挥着一家综合书店的实力。

与伊藤见上了。

"在丸善很辛苦吧？"

我先这么问了一句。

"还行吧，还能应付得过来。"

伊藤简短地回应了我。她原本就是个寡言的人，有时会因为不知如何表达而面露焦急。而这时的她给我的感觉是"说出了真心话"，所以我也就放心了。

"丸之内店究竟是一家怎样的店呀？"

我直截了当地问道。

"怎样？是公司上班族的店。尤其是这一层，顾客基本都是在周边工作的上班族，而且购买的书基本固定。"

"从某种意义上说，备货比较轻松？"

"对，确定哪些是畅销书并不困难，因为顾客会通过销量告诉我们。尤其是新书，卖得好的和卖得不好的一目了然，反馈很迅速。比较费劲的是要想方设法保证畅销书不断货。不管怎么说，下单数和池袋店完全不是一个水平。"

因为新书的反馈迅速，所以有时候即使起初订购数量巨大，也会出现断货的情况，因此出版社也下了一番功夫来保证不断货。当来不及通过经销商时会"即刻直接送货"。出版社格外地卖力，应该是抱着共存共荣的态度吧。

从门口往里笔直走，会看到一个大展台，有多个面可以展示书籍。楼层指南上介绍说是博物馆区（这是什么意思呢？）。这个展台似乎在叫卖着：这本书现在大热卖！反响强烈！如果不读一读这本书就跟不上时代了！就是现在！买它！店里还张贴着特别定制的大型宣传海报和作者的大头照，鼓吹现在是购买的最佳时机。当然，"本周最畅销榜区"也很显眼。

"还有其他什么显著的特征吗？伊藤你在关西地区也待了很长时间对吧？比如关西和丸之内的上班族有什么不同吗？"

"嗯……丸之内的上班族身上有股推动日本发展的气势。大家都十分用功。另外就是，对名人没有抵抗力吧。"

"对，总之就是商业的王道在这里。面对没名气的作者，是不是不太会有人因为内容有趣而想要买来看看？"

"是的，大概是因为有太多必须要看的书和必须要做的事，没时间再看其他的书了吧。"

丸之内店采用的是"大量销售某一本书"的营销方法，这明确表现在出版社出具的各书店的销售报表上。我和小海裕美经常谈论说，丸之内店起初的销售速度是池袋店的两倍多吧。而且当时说的还是文艺类书籍，要是商业类书籍的话，估计差得更远。不过，我们觉得文艺类书籍就算起初销售速度也许差一些，但一年过后差不多能追上，因为这就是池袋店的营销特色。但尽管如此，商业类书籍的销量应该永远都赶不上丸之内店吧。

"不过淳久堂的书籍总量比丸善要多得多，而丸善是把力气花在重点销售一本特定的书上。用一句再平常不过的话来说就是，店铺的特色就是提供给顾客最好的服务。"伊藤这样说道。

伊藤是从神户的SUNPAL店开始干的，这家店是如今的淳久堂店铺形态的始祖。这里介绍一下是什么样的形态。当时总店三宫店因难以确保畅销新书和最畅销书的销量，总经理工藤恭孝决定让书店不再依赖新书的营业额，这一改变造就了SUNPAL形态。也就是把店里的展台统统撤掉，摆满高高的书架。做出这一改变就是想尽可能让更多的书上架，是一种很单纯的战略。那时（日本即将因泡沫经济而沸腾）以这样的方式，而且是在三宫站背面这种行人稀少的地方经营一家大型书店，实在是很冒险的行为。

日本的出版流通是围绕"新书发售"运转的。小型书店会抱怨说，大型书店会霸占一些新书，比如村上春树的作品，这样搞得顾客都不来我们小店了。而大型书店会凭借村上作品的存货量来证明自身的实力。不仅是丸善，很多书店都会尽全力提高某一本书的销量。正所谓"效率就是力量"。

之前我见工藤的时候（1996年底），曾因为他说的话而感到惊讶。当时我所在的LIBRO因为打造人文书区而有点出名，但尽管如此，还是费了很多力气来确保最畅销书的库存量。不，不仅是LIBRO，应该说没有一家大型书店不为确保库存而四处奔走。工藤边笑边如是说：

"只要不放弃，一直坚守下去，即使没有最畅销书，顾客也会纷至沓来。但这需要店员具备收集书籍和设计书区的能力。地理位置稍微差一点没关系，只要租金便宜就行。"

这种SUNPAL方式至今仍是淳久堂所遵循的基本路线。顺带说一下，我记得当时不知为何，我相信工藤具备"能一直坚守下去的资金实力"。

伊藤被这样的SUNPAL销售方式吸引而进入公司，并一直遵循这一方式不断地积累经验。她是否能适应大型书店这种倾注全力销售最畅销书的模式呢？

"这里的工作分担是依照店铺特色打造的。比如书区这一块，负责人理应要承担维护的工作，也自然会收集到出版社的信息。在这些方面我会感到很愉快。"

确实，就算书店地理位置极佳，拥有购买欲很强的顾客群体，但要想一直保住商业类书籍销量第一的宝座，还是要靠多年积累的销售经验，因此工作的组织架构应该是十分稳固的。这样一来，伊藤的工作就是围着新书转了。会不会不擅长？不不，毕竟伊藤这么多年不是白干的。与其说这家店的销量趋势很容易把握，不如直接借用伊藤的话说就是"顾客自然会告诉我们"。这需要眼观六路、耳听八方，要抓准强推或放弃的时机，有时还要和出版社合作。伊藤似乎已突破了难关。

我继续和伊藤聊了一会儿。

"虽说是商业类书籍，也应该细分了类别吧？丸之内店是怎么分类的呢？"

"大致分为实用类商务书和专业书籍。商务书主要包括自我启蒙、商务技能，还有经营、会计之类的。专业书籍应该是包括法律、政经，还有金融吧。"

"哪一类卖得好？"

"经营、会计、财务和金融。"

"也就是说和钱有关的书卖得好呗？"

"嗯，说得极端点是这么回事。不过，周边有很多银行啊、证券公司啊，公司本身需要用到这些书籍，所以应该说是法人的需要吧。这些书籍的销量十分可观。每次看到新书销售的速度和数量，我都会再次感慨，这不愧是一家位于日本中心的书店。"

这条街是以"金钱"为轴心在运转着，所以与"金钱"相关的商业类书区占地面积约150坪。

"和池袋店相比，有什么不同呢？"

"区别十分明显。这里的顾客群体是通过看书来学习工作中所需的知识，也就是马上能派上用场的实用类书籍。池袋店虽然也是同类书籍（法律、经济、商务）的销量排第一，但是学术性书籍，不，应该说是教科书类的书籍卖得比较好。"

"是不是因为池袋的学生比较多？"

"是的，池袋地区的顾客年龄层偏低。"

之后再仔细想想，发现不仅是学生，我觉得有很多顾客（也许来自全国各地）是专门冲着只有池袋店里才有的学术类专业书籍而来的。从这个意义上说，淳久堂采取的战略是奏效的。但当我第二次跟伊藤谈及这个话题时，伊藤表达了这样的观点：

"不过，这种书（学术性专业书籍）在亚马逊上（顺带一提，淳久堂也开设了线上书店）也能买到，并且需求量正逐年减少，所以可能还是敌不过可以立刻买到所需书籍的书店吧。"

"需求量减少是不是意味着学生的水准在下降？"

"学生渐渐不买教科书了（听说学长学姐会把书转让给学弟学妹）。还有老师会印讲义给学生。如果学生看不来学术性强的教科书，老师就会把教材换成入门级的读物，最近也有老师会选用新书当教材。"

"整体来看学生的水平下降了？"

"不，我觉得是聪明的学生和不那么聪明的学生之间的差距越来越大了，而不是整体水平下降。另外，大学毕业之后还会学习的人确实减少了。不过，这周围的公司都倾向于录用学习好的精英，所以我觉得良品率还是很高的。"

感觉这个话题有点难聊下去了，于是我换了个话题。

"那个，池袋店进的书很多都是关于日本或世界问题的对吧？比如日本是个怎样的国家啦，现在正发生什么事情啦，中国、韩国的状况如何啦，还有核能问题，等等。应该属于'社会'这个类别吧。虽然顾客群体应该差不多，但不知为何这类书籍在丸之内店反响平平。"

"啊，这类书是放在行政啊、政治啊、军事国防等读物那块的（也就是各类书区的后排书架），虽然各国情势书区会按国别分成几个书架，但不会像池袋店那样，在阳光照得到的区域（就是字面意思，放在有阳光的窗边），占据很大一块地方。"

"新书也不太显眼啊。"

"原因还是在于我最开始说的，这里主要针对的是上班族，所以会优先摆出商业上需要的信息。不过要是有哪本社会方面的新书卖得很好的话，也会把它摆到显眼的位置来卖。最畅销书区域会选择各个方面的书籍，但主要还是商务类。而且'社会'这个类别还有一部分集中放在三楼的人文社会书区。比如有关习近平的书是放在各国情势书区里的中国书架上，有关毛泽东的书则放在三楼人文社会书区的中国现代史那里。"

也就是说，和"当今"相关的书是横着摆的对吧？如果想把它竖着摆，就会放到楼上去。而且三楼的人文类书籍，处于一个很狭小的空间吧？就拿历史书来说，在池袋店光是古代日本史就有一排书架（八个），而丸之内店里只有三个书架，塞得满满的。

总而言之，在这个地段是没有闲暇去"仔细思考和担忧日本是怎样的国家"的，除了钱，还是钱。

"伊藤你从一开始到现在，有没有觉得哪个类别发生了变化？即使不是池袋店或丸之内店里的情况也没关系。"

"比较明显的应该是女权主义吧。我刚进公司那会儿（1992年），女权主义相关的书籍在社会学的书架上可谓是尽显威风啊。"

这里伊藤特别解释道，最近恰巧有人向她约稿，请她写写最近的女性学、女权主义书区的情况，所以她刚回顾了一遍这个类别自进公司以来的发展情况，能马上回答我的问题。

我也补充说一下，若简单地把上野千鹤子（日本的女性主义评论家里不可缺少的名字）的一部分作品按年代顺序排列的话，应从《性感女孩大研究》（1982年）开始，之后是《女人的快乐》（1986年）、《男流文学论》（合著，1992年）、《近代家庭的形成和终结》（合著，1994年）、《日本的女性主义》（合著、合编，1994—1995年）。初期的书名比较通俗，内容也很尖锐。而从中期开始转为与其他学者合著，目的是将女权主义确立为一门学问。上野千鹤子的风格转变似乎象征着日本女权主义史的发展。

闲话暂告一段落，继续听伊藤讲：

"现在也有女权主义的书区，但我感觉主要内容都是针对对女性施暴的社会问题，比如跟踪狂啊、家暴等。不久前，家暴还被认为是私人问题，夫妻吵架之类的，现在大家渐渐认同它是一个社会问题了。换句话说就是，无论过去（女权主义气势高昂之时）还是现在，我们一直在对男权社会提出抗议，只不过现在关心的是男权社会中存在的暴力问题罢了。"

伊藤想说的应该是，有关女性的问题通过女权主义这一社会思想被提出，但在还未得到解答的情况下，大众的注意力已经转移到"暴力"这种显而易见的现象上了。这一转变在女权主义书区里反映了出来。

而前文中提到的上野千鹤子，如今作为一名"老龄问题评论家"十分活跃，著有《一个人老后》（法研，2007年；文春文库，2011年）等。可见社会的变化也带来了书区的兴衰。

"有关男女雇佣机会均等法（1986年施行，2007年修正法施行）的新书也渐渐不出了。大家现在的注意力都转向育儿假和看护假①上了。"

"那商务类书籍发生了什么变化呢？"

---

① 日本规定若家中有需要看护照顾的老人或小孩，劳动者可以向公司提出休假申请，有一位需要看护的家人，一年最多可休假5天；有两位或以上，最多可休10天。自2021年1月1日起，可以小时为单位申请休假。（编者注）

"这二十年里，商务类书籍的新书数量大大增加（其他类别的新书数也大大增加）。入门书籍的难度也降低了。学习参考书类读物变得稀松平常。书里用红色、蓝色做上标记，彻底做到浅显易懂。另外，最近的趋势是话术相关的书，还有谈话方式、写作方法和敬语之类，也就是与沟通相关的书籍卖得异常好。"

"这些都是可以从日常生活中学习到的技巧吧？不用特别去看书吧？"

"是啊。但无论哪家店的最畅销商务类书籍的排名里，一定都有一本与沟通相关的书，对吧？（九月上旬的最畅销排名，池袋店社会类别第三名是《一句入魂的传达力》，DIAMOND 社）明治时期十多岁的孩子都是读《论语》呢。"

伊藤突然开始追溯过往。

"以前（是指伊藤刚踏入这个行业的时候，应该是20世纪90年代前半期？）有所谓的基础书目，比如马克思啊、凯恩斯啊、韦伯等，不读这些的话就会感到很惭愧。总之我觉得是要先读这些基础书籍，再去看那些实务类书籍，有这么一个过程。但现在完全变了。"

总之，伊藤大概是因为读书（特指社会、经济相关的书）不再是为了做学问，而是为了学会日常生活中所需的技能而感到担忧吧。后者当然也是书籍发挥的一个重要作用。娱乐也是重要因素。但希望书籍能更多地被当作做学问的工具来使用的伊藤的这番心情，我相信只要是爱书之人都能理解吧。

"我感觉以前读书会有一个循环，就是读了一本书之后又会去看与之相关的另外一本。但现在不会有这样的感觉了。"

伊藤的眼神飘向远处。我记得在《书店繁盛记》中，伊藤曾说过她喜欢法律书籍是因为"它自始至终都保持着一门学问的定位"。在伊藤看来，她希望书籍本身就是"不会动摇的事物"，因为她觉得这是她待在这个行业的理由。我很能理解她的这种心情，但我也十分明白，她发觉时代发生改变，而自己已不存在于其中。

"我们再回到一开始的话题，伊藤你在这里的工作是什么？除了负责销售这种管理类职务以外。"

"是指和书籍有关的工作吗？有两个吧。新书的订购、补货和挑选常备书目。总觉得不摸书架的话就会把书给忘了呢。"伊藤略显落寞地说道。

没错没错，书架上的书都是靠手来记忆的啊。

所谓"常备（寄放）制度"，是出版流通中的特殊制度。出版社和书店签订合约，将一些固定书籍寄放在书店，时间原则上是一年（一年后结算）。这对于出版社的好处是，能确保自家的书能陈列在书架上。对于书店的好处是，没有库存负担。由于转售制度（维持转售价格契约制度）的实行，书店可以同样的价格反复销售。常备制度为书店，尤其是专业类长销书籍的销售提供了支援。淳久堂将这个制度利用到了极致。有了这一制度，就算是一万日元以上的高价书籍，备货时也能毫无顾

128

虑。最主要的是已经出版的长销书，比如以凯恩斯的《就业、利息和货币通论》（东洋经济新报社，1995年）、熊彼特的《资本主义、社会主义与民主》（同上）、罗尔斯的《正义论》（纪伊国屋书店，2010年）等为代表的许多专业类书籍可以一直摆在书架上。而且，如果书店想要设立长销书的书区，无论书店规模大小，（如果出版社答应的话）都可以提出申请。

而新书销量比率较高的丸之内店，会是怎样的情况呢？不管怎么说，毕竟是"综合书店"，庞大的库存量应该还是依靠常备书籍来支撑的吧？

但伊藤却告诉我：

"我感觉最近出版社对常备制度的态度越来越不积极了，注意力都在新书上。而且丸之内店也会将卖得好的新书一直摆在书架上，有时会挤掉常备书籍的位子。"

感觉伊藤说得有些含糊。

由于常备书籍的结算是在一年后，发货、退货要花费不少经费和时间。虽说是摆在书架上，但卖不出去的话就赚不到钱。由于销量持续下滑，出版社也开始注意到常备制度的缺点了吧。要是新书卖得好，就能一口气赚上一笔。如果再能看准销售形势，库存负担就不会大。现在面临经营困难的出版社，不得不把力气花在结算周期短的新书上。而且新书销量比率高的书店会认为，每年更换一次常备书籍的工作很烦琐。这种想法完全可以理解。

事实上，在我现在负责的古典文学和文艺评论书区里，常备书籍的循环有时也会停止。渐渐有出版社萌生退意，像是在说：虽然一直以来都保持合作，但今年实在不好意思。

即便如此，对于很多出版社来说，要慢慢消化掉库存的话，把常备书籍出货给书店仍然是个有效的选择。我觉得这种情况短期内不会发生改变。但是如果今后已出版书籍可以通过电子书的形态低价制作的话（据说目前很难实现），就很难预料会是怎样的发展趋势了。

长期支撑着出版流通的转售制度，由于不适用于电子书籍，很可能会因为电子书的普及而被撼动地位。而靠转售制度支撑的"常备寄放制度"也有点站不稳脚跟了。横在实体书店面前的亚马逊更是针对大学生毅然实行10%的积分制度，据说销售情况甚佳。

"常备书籍的比率下降的话，我在想书区的设计工作意味着什么。先不谈常备书籍，光是整理比以前多出不少的新书、安排补货等作业就会占去很多时间，根本没时间去细看单本书。在这种状况下，叫我怎么教新人'设计书区'呢？"

伊藤最后以这个疑问结束了谈话。我也不知该如何回答她。认为设计书区是书店命脉的我和伊藤这一代人，是不是即将面临绝种？

而且，要是读者们给的反应是"这样不是挺好的吗？反正有亚马逊"，我们该如何是好？更重要的是，看现在亚马逊的发展势头，感觉它很有可能在不远的将来，称霸日本图书市场。

淳久堂虽然也跟不上亚马逊的步调，但至少开了家线上书店。

就这样，我带着一股悲观的情绪和伊藤道了别。

我想起之前伊藤在设计法律书区的时候跟我说：

"首先要把日本宪法摆在最前面。"

从那时候到现在不过才七年时间。

文库版补记　伊藤美保子现在任职于京都店。她说："我终于回到了故乡关西。"

这才是『理想中的我』啊

——诺贝尔奖与文艺类书籍

2012年10月11日是公布诺贝尔文学奖结果的日子。去年我记得是10号吧，我对文艺类书籍负责人小海（胜间）裕美说道。都多少年过去了，大家每年到了这个时候都会嚷嚷着说：今年应该轮到村上春树了吧。

"是《1Q84》（新潮社）出第一本的那年吧？当时还准备好了'祝贺村上春树获诺贝尔奖'的书区呢。"小海回忆道。

这么说来就是2009年了。每年都事先做好了展示板，但最终都没用上，今年是第四年了。每次为了设置书区，还会"事先订购村上作品"，文库本加上单行本，数量还真不少。

在第一年的时候，我们曾这样聊过——

我说："我们事先订购吧。就算拿不到诺贝尔奖，毕竟是村上春树的作品，有库存不怕，总会卖出去的。"

小海说："但已经卖得够多了吧？他可是最畅销作家，不知道卖了几百万本了哦。就算是拿了诺贝尔奖，真的还能再卖一波吗？"

"能卖出去。大江（健三郎）先生得奖的时候，销量就十分惊人，瞬间就断货了。诺贝尔奖还是有种特殊的魅力的，之前没看过的人都会开始看。比起看过的人，还是没看过的人更多呀。想想日本的人口吧。而且看过一些作品的人还会来买之前漏看的作品。"

这种时候要是有老员工在场的话，一定会应和说没错没错，接着肯定能热烈地讨论一番大江先生得奖时的情形。但谁让淳久堂池袋店是1997年才开张的呢（大江先生得奖是在1994年），所以我只能唱独角戏了。

那时我还在之前的公司（LIBRO池袋店），我记得当时事前没什么骚动，等反应过来的时候，大江先生已经拿到诺奖了。不对，或许有过传言吧，但当时都没预料到"会卖得这么好"，所以大家都没当回事吧。至今我还清晰地记得，公布结果的第二天早晨，我们才着急忙慌地把店里所有的库存搜罗起来设立了一个专区，然后不停地打电话给出版社，到处调货。当时接连发生脱销、错失销售机会的情况，我不愿再经历第二次了。

有这种想法的书店应该很多吧。这几年里，只要有"今年一定是村上"的传闻，新潮社、讲谈社和文艺春秋这些大型文艺类书籍出版商就会接到大量订单。

听小道消息说，村上先生已经当了七年候选人了，想必很难保持内心的平和了吧。但是他一直坚持不懈地创作。《1Q84》也载入最畅销书榜。他一定是希望自己能一直保持有资格获得诺贝尔奖的水准。

前几天我读了吉本芭娜娜写的《走过人生之旅2》（NHK 出版，2012年），里面写到了作品入选最畅销书榜后她受到的猛烈冲击。她说像她这种"只是占据出版社的边缘一角"的存在，对于最畅销作家的印象还只局限于乐观地认为"会拿到很多版税"。但实际情况却如炼狱一般。内容虽然有点长，但我想在此引用一段原文：

"几乎没有人站在我这一边。（中略）感觉快要发疯了。

"虽然会拿到一笔钱，但全都拿去缴了税。向我借钱的人络绎不绝。才二十五岁的我，感受到了同行、编辑露骨的嫉妒。"

大概这对她之后的人生和小说作品都产生了很大的影响吧。但她还写道："那时候能真心地陪伴在我左右的人，我一辈子都不会忘记。"这就是芭娜娜的人格魅力吧。我佩服她的坚强，能度过"身后有伟大的父亲吉本隆明的光环的青春时期，以及这段暴风雨般四面楚歌的时期"。

她还在和三砂鹤子的对谈集《女子的基因》（亚纪书房，2013年）中这样说道："在严格意义上，我觉得自己不算是个小说家。（中略）其实我更像是个心理治疗师。"嗯，读过她"之后的作品系列"的人的确会认同，但听到本人这样坚定不疑的自我评价，还是深有感触：心理治疗师啊。我不禁要拿她和她父亲比较一番，隆明先生身上总有种求道者的风雅。

读芭娜娜的书时，会有一种感觉：哎？这好像在哪里看过，似乎村上春树的随笔里也写过类似的内容。于是把家里翻了个底朝天，想找出那本随笔。但面对前后两层的书架和地板上堆成山的书堆，我还是放弃了。后来去上班的时候，利用休息时间站在摆放整齐的书架前仔细地找了一番。

想着"大概是这本吧"，买下了《远方的鼓声》（讲谈社，1990年）。这种时候就能感受到在书店上班的便利，但我经常买重，家里的书也是越堆越高。

找到了！这里写着在欧洲写完《挪威的森林》（讲谈社，1987年）后回到日本时的情况："《挪威的森林》卖出了一百几十万本，由此我感到自己变得十分孤独。还感到自己遭到大家的憎恨与厌恶。"

不对，应该还有另外一本书更直接地写了这段"沉痛的打击"，不过刚才这段文字足以传达出这层意思。后面还继续写道：

"不过我振作起来，作为一名小说创作者真正振作起来，大概是在翻译完蒂姆·奥布莱恩的《原子时代》之后。"

村上先生是靠翻译——这个不和外界接触的另一领域的工作振作起来的呀。说起来，前几天横山秀夫先生来了，笑容满面地说"时隔七年又重新握笔了"。据说在那本《半落》（讲谈社，2002年）成为最畅销书之后不久，他就患上了抑郁症。他发布的直木奖诀别宣言轰动一时，想必承受了不少压力。

"一年里，我天天除草。"他露出会心的笑容，看来已彻底闯过了难关。

"成为最畅销作家"会改变人的一生。而成为最畅销作家的人有很多，我会想，比如司马辽太郎当时是怎样的呢？但不管怎样，能渡过难关的作家应该"有真正想创作的东西"，他们不会被淘汰。

"为什么村上先生不在日本开签售会呢？"小海说。我也有同样的疑问。本以为大概是因为他讨厌签售，但他在海外却积极地开签售会和做演讲。

"一定是因为讨厌日本吧。"小海又说。我也不大清楚到底是不是这个原因。但我通过读他写的小说，感觉到对村上先生来说，日本不是用喜欢或讨厌这种二选一的方式评判的，他将其看作是另一种次元的存在。单纯推测的话，我打心底认为他应该不大愿意与周遭的人亲近吧。与其说他是"不参与"三人以上的集体活动，倒不如说是"做不到"，无论是在现实生活中，还是在作品当中。反过来说，这或许就是他受欢迎的原因吧。

话虽如此，村上先生曾简单提到过，因为自己不是什么特殊的人，一旦大家了解到他真实的样子就会失望，所以他不在人前说话（摘自《为了做梦，在每天早晨醒来》，文艺春秋，2012年）。而且在这本书里，他就小说的写作方法认真地谈论了好几次。就我所知，如此热忱地谈论自己的创作手法的作家，除了村上先生以外别无他人。

比如他这样写道：

"我写小说也是把自己心中的抽屉一个个地打开，把值得整理的东西整理出来，把能唤起人们共鸣的东西一个个地取出，再转换为能让人们看见的文字形式。"

他经常深入自己的内心呢。他写道："写作的时候,我会潜入自己的精神深处。"在"那个深处",故事大概被分装在一个个抽屉里,等待着被提取出来转变为小说吧。而那些"故事的形态"大概是源于从小至今的积累吧,比如小时候阅读的儿童文学,长大后阅读的日本及国外的现代文学、古典文学、亚文化,还有从小一直听的音乐、看的电影等。所以村上先生与其说是在创作小说,不如说是在挖掘素材。为此他"足不出户",在休息时间(为了创作小说)坚持跑步,像高仓健一样。

这些年来,每到评选诺贝尔奖的时候,我就会想这想那的。明年肯定也一样吧。

随着结果公布日的临近,电视台呀、报社呀就会打来电话。直到去年他们都是这样说:"会设立专区吗? 如果村上先生得奖了,能让我们拍一下吗?"

从他们的口气里可以感觉到,他们认为村上获奖的几率就是五成,不,也许更低吧。而且他们大多都是在公布结果的前一天,早的话也就两天前来探口风。而今年,他们一个礼拜前就打来电话了。某电视台的新闻节目还提出,希望在公布结果前事先拍一段预告片。总之大家都热情高涨。

我因为公布结果的前一天休息,所以第二天早上(公布当天)问了一下小海前一天的情况。"电话铃响个不停。他们来店里拍摄倒也不是不可以,但我跟他们打好了招呼,说专区也没有弄得很气派,而且请他们不要打扰我们的工作。那些人只要一开始拍摄，就会很没礼貌地进进出出，怎么说都没用。"小海垂着眼说道。

据说今年村上是得奖的第一候选人。说是"轮到亚洲"了。哦，原来都是轮着来的呀。那到去年为止的骚动又算是什么？"获奖地区"其实事先都定好了，从每个地区挑选候选人只是走个形式？只有文学奖是这样干的吗？而且，要是今年最有望的获奖者是村上春树的话，那竞争者是谁？据说是莫言。原来如此，是中国的作家啊。他有很多作品被翻译成日语。好像大江健三郎也很喜欢他呢。不过销量几乎全军覆没。从书店店员的角度来看，我还是更倾向于村上先生。

"设立专区吗？多大规模？放海报吗？如果得奖的话会放哪些书？"

今年有一个明显的特点，那就是无论哪个电视台都一直在问："得奖信息如何获取？"

"啊？应该是从网上吧。"

"哪个网？"

"店里的搜索机器上有。"

"你们查询的时候，我们能拍吗？"

"这个……只要不影响我们正常工作。"

"这是当然，我们会十分小心的。"

我们小心谨慎地应答他们的提问。

就这样，我们迎来了结果发布当日：10月11日。

　　我转为兼职之后，下班时间变为五点，因为照顾老年痴呆症越发严重的老母亲要花去不少时间。这一天我也是说完一句"剩下的工作交给你们了"就赶紧往家走，走到池袋车站附近的时候，与某文艺书籍出版社的一位业务员偶遇了。

　　"因为诺贝尔奖，我们店里忙得乱哄哄的。村上先生是得奖第一候选人吗？"

　　"啊？谁知道呢。"

　　"新潮的业务员好像今晚全体加班等着接电话，还做好了再版的准备呢。"

　　我俩正聊着，只见一群男人两手提着大纸袋，从对面跑过来。感觉好像在哪里见过这些人，好像认识他们。啊啊，是讲谈社的袋子。我身边的业务员在与他们擦身而过时，往袋子里偷瞄了一眼，说：

　　"呵呵呵，封面是红色和绿色哦。"

　　原来是附近LIBRO追加订购了《挪威的森林》，业务员们亲手拎去给他们呢。看那个量，应该上下册各有足足三十本吧。大家都一脸紧张的样子。

　　回到家后，我打开了电视。公布结果是在八点，如果得奖的话应该马上会有速报新闻。然而，我盯着电视看了三十分钟左右，没看到任何新闻字幕。我实在等得不耐烦，于是上网查看。

　　是"莫言"。大失所望。

客观冷静地说，事实上我们还是很期待"诺贝尔奖效应"的。毕竟书店的销量一直在下滑，我们真的很需要一些令人振奋的话题。

村上先生好像每年的"这一天"都不在日本。大概只有极少数人知道他在哪里。至少今年确实不在。这是我从某位作家那里听说的，他受某报社邀请参加了"获奖纪念对谈企划（无当事人）"。所以才会选择在"书店"拍摄啊。大江健三郎获奖的时候，LIBRO没有接到任何来自媒体的采访申请（所以才会忘记下单？）。虽然记不太清了，但大江先生当时应该笑眯眯地接受了电视台的采访吧。

"您已成为文学奖提名候选人"的通知应该会事先发给本人吧。由于讨厌这种骚动，所以村上本人便跑去国外等结果。这样一来，媒体只能跑到书店来拍摄"画面"。由于今年胜算很大，电视台（好像各个节目的采访组不同，所以我这里说的只是新闻节目的采访组数量）都十分积极地向我们提出申请，希望能拍到成为"画面"的场景。其实他们更迫切希望能拍到"本人"的影像，就像山中伸弥教授那样，在开记者会时笑着说："刚才正好在修理洗衣机。"山中伸弥教授体恤身边的人，说："每年都入围，给身边的人添了很多麻烦。从明年开始就不会有这样的情况了，真是太好了。"至今为止，每一位获奖者都接受了记者的采访。我应该没记错吧。

结果公布当晚和第二天早上，电视上频频播出各大书店的影像。NHK是丸善总店（应该是），其他还有纪伊国屋、八重洲 Book Center 等。大家果然都想通过网络获取最新消息，但谁想，结果公布出来时是瑞典语，出现看不懂是谁的名字的场面。本来想说，啊，好惨啊，丸善。可人家丸善准备好了莫言的海报！莫言的书也准备充足。他们大力筹备的样子被漂亮地播了出来。

过了一段时间后，我听 LIBRO 的一位熟人说：

"出来了，出来了。当时我们柜台周围有好儿家报社，大家都很激动。但上网一查，语言不通，不知道谁获了奖。"

LIBRO，原来你们也一样啊。

第二天，我一上班就马上问：

"昨天怎么样？"

"别提了，累死了。因为没能顺利查到新闻信息，所以被迫重做了好几次。有点搞不懂为什么我们要任由电视台摆布。"

与这类似的话好像以前在哪里听过。

"莫言的书订了吗？"

"已经先把店里有的书摆出来了。我们立即下了订单，但出版商那里的库存很少。再版的话……"

这回答听上去感觉已没了兴致。真的像是完全失去了干劲。

莫言得奖证实了之前"轮到亚洲"的说法。这样一来，村上先生得奖又要等多少年呢？这期间，他每年都要消失一次。是该同情他呢，还是看作"被选中的人应受的苦难"呢？不，不应该这么消极，其实只不过是在村上构建的生活框架里没有

142

"在日本知道获奖结果"这部分吧。而且书店在"结果公布"之前被当作是"保底的拍摄对象",等到终于"公布结果"时,会作为首个"表现获得诺贝尔文学奖的载体"成为人们茶余饭后的谈资吗?这的确在书店的宣传上有很好的效果,但总觉得哪里不对劲啊。不过,在这种不景气的情况之下,也值得庆幸吧。

诺贝尔文学奖评选委员会的各位评委老师,请问村上先生入围七次是真的吗?拜托你们早点选村上先生吧。再过十年的话,世界将变成电子书的时代。虽然我不愿设想书店会灭绝,但到时候书店也许已是个冷清的地方,我不想变成这样。这样的话,电视台就会蜂拥至亚马逊,拍摄"村上春树电子书"的订单数字不断攀升的画面(会有这种东西吗?)吧。

真心拜托各位赶紧选村上春树吧。

抑或是,村上先生突然开悟,在日本接到获奖通知后,笑眯眯地出现在媒体面前说:"刚才恰巧在煮意面。从明年起不会再给大家添麻烦了,真是太好了。"

在2013年4月12日,诺贝尔奖公布的半年之后,《没有色彩的多崎作和他的巡礼之年》(村上春树,文艺春秋)发售了。

我们还是因为有顾客说"想预订村上春树的新作"才知道新书要出版的事情,实在惭愧。我记得那天是3月13日。我赶忙给文艺春秋(出版商的名字也是顾客告诉我们的)打电话,对方也只是知道4月12日要发售。自从这个又冗长又意义不明的书名公布之后,每天都会接到预订电话。临近发售日的那几天,

NHK 的早晚新闻节目里都会报道，报纸上也发出了预告。这种情况之前有过吗？发售《哈利·波特》的时候？好像有点不一样。因为《哈利·波特》是在全世界享有盛誉后进入日本的。与之相比，《没有色彩的多崎作和他的巡礼之年》是只公布了"村上春树的名字和书名"而已。不知道大力宣传这本书的人里头有几个是已经读过的。大概有几个人拼命在保持作品的神秘感。不过我能从媒体的报道中感受到一种热忱，那便是在出版业不济之时想要尽可能地助其一臂之力。十分感谢你们的关怀。

多亏了媒体的宣传，没错，这本书卖得十分好。初版就卖了五十万本！而且在12日的夜里12点倒数计时的书店（书店又登场了！），多次出现在第二天的新闻节目中。好像有140多位顾客在书店外排队等候，像极了新版苹果手机发售当天的景象。

我们店里也接到电视台打来的好几通电话问："你们会提早开店吗？"电视上还播了有的书店在正门口高挂"村上春树堂"的招牌。我们池袋店也罕见地在一楼入口处摆放了桌子，并大胆地在上面铺满了这本书。

池袋店进货的数量竟达到了1200本。这对于文艺类书籍初次能配给到的数量来说，是划时代的。无论是对于不擅长卖新书的淳久堂，还是对于有着四十年以上的卖书经验的我来说，这都是史无前例的。而且发售第一天就卖出580本，第三天的傍晚就售罄了。之后也是订单不断。我还听闻新宿某书店卖出了2600本，也是在第三天售罄的。亚马逊大概进了几万本吧。

文艺春秋大概是预料到了这种情况，"再版"立即启动。

后来我还从电视新闻中得知，发售后一周内超过100万本（印刷数量），创下了新纪录。淳久堂拿到1200本的配给量时，出版社是这么说的："给，淳久堂。因为你们店此前的业绩是这样的，所以这次给你们这个数量。"虽然这本书是我们卖出去的，但每天的感觉只是单纯地把书从右边移到左边，就像是搭上了顺风车，一点不费力气。要是没有和文艺春秋业务员川原千广的一番温暖人心的交谈，也许会敷衍了事吧。就算被说是奢侈也认了。

"村上春树的主人公是'日本人认为的平均理想形象'哦。如果说'日本人'太夸张的话，应该是'读书爱好者'吧。把大家认为的'理想中的我'加起来再除以总人数得到的值，就是春树这本书里的主人公，所以会卖得好。"和我一起工作的尾竹清香说道。

"虽然每篇作品不尽相同，但村上春树反复在刻画一个主人公形象：出生在一个不错的家庭环境。智商和长相虽然不出众，但也不差。话很少。有自己的生活模式，和工作保持一定距离，但有能力应对各种情况。和社会之间存在格格不入的地方，孤独，无意识地对伴侣产生渴望。因为一些状况（总是会有事件找上门来）的发生而不得不超越社会规范的界限时，不会犹豫不决。会为了寻找什么而踏上旅程。而且主人公们都对自己是怎样的人不具备清晰的认知。"

没错。正如尾竹所言，无论哪部长篇小说的主人公都差不多是这样一个形象。所以读者们才会容易把村上春树本人与作品重叠起来，当作私小说来读。村上春树本人也就成为了日本人（要是这么说夸张的话，就是大多数读者）的平均理想形象。

　　如果像山中伸弥教授那样，在研究对象和其人格的评价之间有一定反差的话，不知会有多轻松。文学创作是一份受到诅咒的工作，实在麻烦。然而正是这种麻烦让文学变得层次更深。

　　而且，我们这些书店店员也靠此维生。

　　文库版补记　2017年2月底，大家翘首以盼的长篇新作《刺杀骑士团长》（新潮社）终于发售了。从一个月前开始，店里就张贴了大大的预告海报，鼓动顾客预约订购。这次和以往不同的是，连小型书店都被照顾到，拿到了配额。我家附近的书店，还有兼卖旧书的书店里，村上春树的新书也放了很长时间。上下册加起来总共印了100万本。在出版物总销量持续下滑的出版界，"春树书"却能维持大幅高于平均水准的印刷量，出版物的阶级差距就在这里。之后，时间来到了2017年10月，一年一度的诺贝尔文学奖又公布评选结果了。我通过电视的新闻速报得知是"石黑一雄"，一时语塞。感觉在之后的十年里，幸运之神都不会造访春树先生了。但第二天上班时看到大家都是一脸朝气。书店要做到一视同仁嘛。

『书』与『畅销书』

——网络书店及其他

　　我和小海（胜间）裕美久违地在一起闲聊。小海预计明年一月生产，现在每天都很忙碌。她说她一边祈祷能生出一个健康的宝宝，一边又希望休产假期间书店的工作能正常运转，等她休完产假之后能再回到文艺书区工作。就这样一边思考着这样那样的事情，一边一刻不停地工作着。她说她十分确信，照这样每天在店里走来走去，一定能达到"生产前的运动量"的标准。

　　所以我们聊的话题首先是"小海和小海身边的女性店员为了持续工作而遇到的种种困难"，不过在此之前我想先介绍一下：

　　小海裕美2001年进入公司，与田中香织、森晓子是同一批。因为是十三年前的事，所以详细情况记不大清了。但我记得当时面试时让我印象最深刻的是田中，对小海的印象有些模糊。不过很奇怪的是我对她的简历记得十分清楚。

金钉流①这个词大概不再用了吧，但她的简历却完美地呈现出这个词。而且为了隐藏这个流派，拼命把字写得很小。就是这么一份简历。

不，应该说就是因为这份简历，我们一时来了兴致："看上去是个很老实的孩子，但写的字却很有意思，就录用试试看吧。"就这样录用了她。虽然到现在她的字没有任何进步（当事人认为是文豪体），怯场的感觉也依旧如初，但当初负责录用的全体负责人至今仍然确信，我们当初的"一时兴起"并未误判。

大学毕业生在面试时基本都会说，想要负责"文艺类书籍"。他们会列举出村上春树（最近有点减少）、东野圭吾、宫部美雪等作家。几乎没人会选择"医学类书籍"和"理工类书籍"。或者说，理科学生应该不会想要当书店店员吧。

但我们会慎重决定由谁来负责文艺类书籍，因为我们害怕负责的人有特别偏爱的类别或作家。有特别的喜好并不是坏事，这比没有喜好要强。但关键是"平衡感"。

"你不知道大江健三郎吗？那诺贝尔文学奖知道吗？"

类似这样的话，我记得曾经对一位从某大型书店跳槽来的店员说过。总之我们希望店员能具备基本的文学素养。而我认为小海身上的"平衡感"是非常适合做文艺书籍负责人的。

"中村先生……"小海说。

_____

① 讽刺字迹如弯钉一般拙劣时的用语。（译者注）

"是那位文孝先生？"

"是的。"

中村文孝是我书店人生中的伙伴，1997年和我一起从LIBRO跳槽到了淳久堂。我到现在还没退休，继续干着，但中村在60岁的时候断然退出。他和朋友们一起创建了一家小型出版社，出版一些"符合自己理念的书籍"。

这位中村先生怎么了？

"他曾经说过，书可以分为'书'和'畅销书'两类。"

"哦，这样啊。"

"'畅销书'嘛，销量方法和大型出版社的杂志差不多。首次印刷后的进货非常重要。听好，你要学会如何见好就收，要看准停售的时机。首刷我来给你进货，你不用做，你就好好学习一下销售方法。"

认识中村文孝的很多业内人士也许会觉得这很像中村会说出的话。我觉得中村真正想表达的意思应该是，"确保畅销书的量（很多书店为此而四处奔走）"这个任务由我来完成，你就尽力"充实书架（很多书店顾不到这点）"。但不知小海是怎么理解的。

"然后我就问中村先生：对中村先生而言，真正的'书'是怎样的书呢？"

"哦，他怎么回答你的？说没说保田与重郎？"

"说了。还有内田百闲呀、室生犀星呀。"

果然如此，我点头道。人都会特别珍惜自己在最有朝气的时候读过的作家。但即便如此，像中村这样"书店店员的典型""具备书店店员应有的样子"的店员应该快绝种了吧。小海，如果可以的话，你就做中村的接班人吧。话说，小海认为的"书"是怎样的呢？

"村田喜代子。"小海就说了这么一位。

小海裕美也35岁了，要成为母亲了。这么想来，小海已经当了十多年的书店店员了。

很多女性员工总会感到迷惘。这种情况从我当上书店店员时起几乎没有改变。第一道门槛是"结婚"。首先书店周末不能休息，即便能休息也不可能连休。其次关店时间晚。池袋店在开张之初定的是八点，但现在变成了十一点，关门回家已经十二点多了。如果是在学生时代就交了男朋友的还好，等进入社会之后，即便想找老公也很难有机会参加相亲活动。婚后又很难配合对方的生活模式。话虽如此，但可悲的是，就最近的工作状况来看，这种程度的门槛还算是低的吧。因为朝九晚五、周末休息、偶尔加班的这种工作模式越来越少了。

"问题在于小孩。"小海说。为了专心生小孩而辞职的女性员工不少。

"工作和怀孕不冲突吧？"

"田口前辈想得太简单了。如果生活不规律的话是很难怀孕的。你还记得吗？某某和某某，她俩辞职后马上就怀上了。而且据说如果想着总会怀上的，而一天天拖下去的话，怀孕的概率就会不断下降。如果可能的话，最好二十多岁的时候生，但大家都想等工作稳定以后再休产假，因为可以休一年。所以都下不了决心在20多岁的时候生。但一晃就到了35岁，这时候慌忙备孕，却怀不上，只好去做不孕治疗。这样的例子数不胜数。而年纪大的话，不孕治疗的成功率会直线下降。"

这么一说我想起来了，小海就是从33岁那年开始说"得赶紧要孩子"的。有一段时间她甚至也像其他女员工一样，想要辞去工作专心备孕。那时候我跟她说："还不急吧。"面对我这种不负责任的劝导，小海回应了我一个重点问题，那就是"卵子的老化"。据她说，她也读了一些相关的书籍，还上网查过，但去年（2012年）的NHK特别节目"想生却生不出 卵子老化的冲击"给了她当头一棒。小海说："如果在二十几岁的时候就知道卵子会老化的话，也许我的人生轨迹会发生改变。"所以在这里，我（60岁，孤家寡人）想对认为"想要个孩子，但不是现在"的二十几岁的已婚女性说一句："就是现在。"不知道是不是吸取了小海的教训，后辈田村（信井）友里绘赶在30岁之前生了个女儿，现在休完产假复工了。

小海在说到"女性生活模式"这一话题时一反常态，情绪很高昂。

"就算生完小孩，压缩了工作时间，还是有人无法继续工作。要看父母是不是住在身边。不过现在看下来，最后决定是否要辞职的关键因素还是在于，老公是否有足够的收入。"

她还分别列举了几位生完孩子复工了一段时间后还是辞职的和坚持下来的女性员工。要这么说的话，已经跟工作单位是不是书店没有关系了，这是日本职场女性共同面对的问题。

　　淳久堂会按照劳动基本法的规定，让女员工休完产假后缩短工作时间。但撇开池袋店这种人力充足的地方不谈，在小型店铺还是很难实现的。因此女员工一般都会选择先暂时转为合同工来减少工作时间和工作量，等生活稳定下来再恢复编制。

　　"因为变成合同工就不用顾及是否会拖累其他同事了。"小海说。

　　听了小海举的一些事例之后，我觉得除了法律、公司高层的决策以及丈夫是否会帮着带孩子之外，一起工作的同事，尤其是女性同事的支持实际上才是最重要的吧。我们要摒弃"女人为难女人"这样的说法，而要把"善有善报"放在心中。

　　这里我想借用小海的部下尾竹清香在某天无意中说的一句话，来结束这个话题。尾竹离开故乡进入池袋店就职，之后怀孕生子，现有两个健康的男宝宝。

　　"我觉得我是因为有一份工作才能把两个孩子带好，如果是做专职主妇的话，估计生活会很煎熬，说不定会患上抑郁症。"

　　小海自从入职以后就一直在池袋店的文艺书区工作。她入职的2001年正是池袋店扩建的那年，店面几乎扩大了一倍。也就是说小海突然被分配到日本最大书店的"几乎所有新人都想选的文艺书区"。小海你会不会有很大的压力？

　　"不会啊，当时只是觉得正好机会轮到我了。而且虽然店铺面积是日本第一，但并不表示销售业绩是最好的（现在也不是最好的）。"

说得没错，而且店里还有我这个"婆婆"在，会一直不厌其烦地告诫你：

"听好了，能订到热卖的书不是你的功劳，而是靠淳久堂的实力，希望你能搞清楚。"（不过其实是靠中村的实力啦。）

"这些话都不算什么啦。我的女同学中有很多精英，在外资企业呀、证券公司呀、银行这些地方上班，不断升迁，拿的工资也比我多很多，但她们经常会阴阳怪气地对我说，好羡慕裕美啊，能做自己喜欢的工作。每次听到朋友聊结婚的话题，就会觉得这世上还是有阶级的啊。因为她们之中有人会认为结婚也是提高自己社会地位的一种方式。在她们看来，我就是那个一直掉队的。"

"不过，令人感到不可思议的是，"小海继续说道，"我的那些女同学都不看小说，要看也是看《在世界中心呼唤爱》（小学馆，2001年）这种浅显易懂的书。但她们在单位却很拼命地去理解别人的言外之意呢。与工作相关的参考书会看，但工作以外的书，基本都是看一些如何找到好男人呀、快速与有钱人结婚的方法呀，还有治愈类书籍、粉色的书（字面意思，这类书籍的封面一般都设计成白底配上粉色和红色，有时候还会加点金色的字）。作者大概也是预料到会有这样一群上层阶级的读者吧。"

嗯……我觉得看看川上弘美和角田光代写的书会更有用吧。

不对不对，小说有点绕圈子，而且可以有各种解读。我虽然觉得这正是小说有魅力的地方，但那些"教导书籍"写得清楚明确、直截了当，对那些"凡事都想走捷径"的女生来说才算好书吧。无论是绕圈子也好，走捷径也罢，应该说都是书籍长期积累下来的特征吧。

听了小海说的这番话后，我不禁思考：走入社会的人的素养究竟是什么呢？

2010年田村友里绘入职，负责文艺类书籍的员工变为两人。这么一说我想起来了，田村也跟我说过她的朋友们几乎不看书。她回想最开始想做书店店员的契机是因为母亲喜欢看书，家里有很多书。

自从田村入职之后，小海就一直忙于新店的准备。2009年与丸善的合并，促使集团进一步扩大。但文艺类书区只是关东和关西更换了开店负责人，所以和其他书区相比可能会轻松一点。

我们会按照拿到的平面设计图来订购书籍。首先依照类别设计出摆放书籍的平面图，文艺类书区的话就分为日本文学、外国文学、诗歌、古典文学、文艺评论、日语学、随笔散文等。池袋店还把娱乐类、亚文化类也算进文艺类（不只有小说是"文艺类书籍"）。在关西的店铺里，还把西尾维新等作家的轻小说放在悬疑小说的旁边。然后我们要算出各个类别的总册数。

近几年，书店的IT化也在飞速发展，店铺的销售业绩等数据会即刻显现在屏幕上。所以我们在订货的时候会考虑新店的规模、分析顾客群体，还会参考与新店类似的店铺以及池袋店的数据。最近统计学盛行，相关书籍卖得很好。我在一系列的订购操作中也发现，也许比起掌握书籍相关的知识，具备分析数据的能力更有利于做好下单工作吧。不过这只是偶尔会冒出的想法，我还是觉得如果只是盯着历史数据的话，创设不出有活力的书区。

之后我们要忙着检查货品、盘点入库商品，等等。同时还要召集开店团队。淳久堂会尽量从附近的店铺召集负责上架的主力员工，但这很难。因为每个店里的员工数量都很吃紧，重新排时间表很麻烦。不过虽然有这样那样的困难，但最终还是要去新店做上架的工作。在这一系列的工作中，我觉得上架工作是最开心的。或者说如果没有这个环节的话，我也许会后悔入了这一行。我们会站在书架前抖擞一下精神："来吧，想想这次怎么设计。"不过"精神抖擞"只在一瞬间，因为紧接着会有很多现实问题扑面而来——"那本新书还没到货""平放的书本数量不够""活动上要摆的书籍来不及下单"等，忙得不可开交。

开店前的一系列准备工作即使放在实现了 IT 化的今天，也要花一个多月的时间。而且从开店前开始就要对员工进行培训。开店后也不轻松，要随时关注备货情况，还要对员工进行再教育，等等。

"从名古屋店、仙台 LOFT 店开始，慢慢扩展到新宿、盛冈、新潟、秋田、藤泽，"小海细数道——

"责任越来越重,札幌(2008年)算是第一个难关吧。那个时候有的出版社实行了订单数字化,有的出版社还没实行。经销商也还不成熟。就连淳久堂自身也不像现在,能用一台电脑就完成大部分的订购工作。不过这些只要积累经验就能慢慢做好。更难的是员工的教育。一开始我会拼命教他们作为一名淳久堂的员工应该要做的最基本的工作。"

"但是……"小海继续说道。

她不说我也很清楚。淳久堂开店的目标是成为当地最好的书店。每次当地人跟我们说"听说这里要开一家大书店呀,很期待哦"的时候,是我们最开心的时候。不过这也说明当地人都没有在大书店工作的经历。不仅如此,想招募在小书店工作过的员工也不那么容易。据小海说,当地有很多做过护理等福利相关工作的人才。书店讲的是团队合作,所以单靠几个从别的分店调来的淳久堂员工是远远不够的。

"所以当时我就想着要从销售的基本开始教,而且要说得浅显易懂。池袋店是尽量不平放书籍,而尽可能地把更多书籍放上书架。这是淳久堂长年建立起来的一种风格。但是在地方书店,必须把畅销书的整个封面展示给顾客。开店时不举行特别活动,而是从展示当地作家的作品呀、当地的风土历史之类的内容开始。在东京的话,如果做一些别处没见过的事情,反而会引发话题。但在地方,如果不做些大家认为是理所当然的事情,就吸引不了顾客。不过好几次开新店我都发现,不管在哪里一定会有专家,或者说是有学问的人。我想想,应该是在仙台，这种顾客最多（比关西更西的店铺由其他人负责）。有时候会想：嗯？这种外国文学会卖得好吗？而且还是全套的、就连在池袋店也卖得不好的高价书籍。大概专业类书籍会显现出更大的差别吧。可是本以为会卖得好就又进了一点货，结果却没什么人买了。"

我觉得书店是靠顾客培养起来的。或者应该说书店的成败取决于能否创设出符合顾客喜好的书区。因此培养书店和书店店员需要一个很长的过程。如果条件允许的话，最好能和当地的学校、大学进行交流合作，就像多年以前，LIBRO 的今泉正光在前桥店的时候，与群马大学的老师们唇枪舌战那样。

"不过在几年前，我能很快了解到爱书的顾客的反馈，但最近顾客的反馈好像有些迟钝。大概是喜欢看书的人开始在亚马逊上买书了吧，尤其是新书。不过话说回来，这也是理所当然的事情吧。淳久堂不可能进到所有的新书，要是爱好读书的顾客一直等的新书发售了，他们肯定会蜂拥赶来，但没有货的话就白跑一趟了。可是如果书店里的新书卖不出去的话，就会很萧条。虽然有一些'书店通'会说，淳久堂卖卖长销书就好了呀，但实际在书店里工作就会感觉到，新书会给书店带来生气。虽然和其他大型书店相比，淳久堂的新书比率确实低很多，但即便如此……

"不过对书籍不了解的人反而不太会使用亚马逊。所以为了迎合这些顾客，架子上的书也渐渐变得标准化了。虽然出版社的业务员说我们没了淳久堂的风格，但我们得存活下去。"

我们珍视的"专家和有学问之人",就是那些在日常生活中身边随时都有书的人,已经被新兴网络书店亚马逊给夺走了。但从顾客的角度来说,现在真是个便利的时代。虽然我们这些书店店员很不愿意承认这一点。

另外,亚马逊用户里有很多都是出版业相关人士。他们一边对我们说"书店要消失了,好难过啊",一边却又抱怨"书店里不能马上买到想要的书",转头就去亚马逊下单。这样的亚马逊"铁粉"充斥在"出版业"里,如果按职业来分的话,大概是使用亚马逊比率最高的吧。

但我觉得,亚马逊虽然能让顾客立即买到"需要的书",服务质量无可挑剔,但这种"高效率的购买方式"一旦融入日常生活,就会让人失去选书失败的乐趣,书籍的选择方式会变得贫瘠单调。有很多人会说,不,不买无用的东西才是现代人的生活方式,但我认为"文化"就存在于无用和无理的边界。也许这没什么道理可循。

当然亚马逊不是唯一的线上书店,但大家都知道它的销量远远凌驾于其他网店之上。我之所以把亚马逊当作靶子来攻击,说实话是因为排名第一的、售卖"承载着日本的支柱——日语的载体"的是一家美国企业,这让我们有很强的危机感。大概很多用户会认为,亚马逊就是家卖货的小店,不属于制造业,所以不管是在美国,还是中国,还是韩国,对书籍本身并没有影响。但真的是这样吗?载体和内容完全没有关联吗?谁又能断言,不断发展壮大的美国企业亚马逊不会成为日本出版业的强力竞争者呢？还是日本的书店有要创立一个比亚马逊更大的线上书店的动向吗？也许亚马逊会害怕这招吧，但资金从哪里来？

亚马逊这家企业付出了努力，在日本获得了成功。我承认我把它当成攻击的对象只不过是在泄愤。

每次聊到这个话题，我都会想起中村文孝。我曾经问中村："亚马逊针对学生开放九折优惠的资金源应该是在日本不必缴纳的税金、通过其他商品赚取的盈余等，但公平交易委员会（负责监督违法折扣的政府机关）为什么会视而不见？我觉得这违反了转售制度。"中村回答我说："亚马逊只是冰山一角，日本就是美国的附属国。"当然这是（半认真的）揶揄，但每次想起他说的话都会觉得很遗憾。顺带一提，我在 LIBRO 的时候曾策划过"特价书展"，还和公平交易委员会争论过一番。

话说，关于"亚马逊的税金问题"有一份浅显易懂的资料，是"2013年11月11日国会中有田芳生参议院议员（当时是民主党派）的质询意见书"。因为国会上的对话措辞比较特别，所以我简单地归纳一下：

一个是关于消费税。

"亚马逊是把在日本采购的书籍，以包含消费税的转售价格卖给读者，但这笔消费税是缴纳给日本政府的吗？"

另一个是关于法人税。

"2009年国税局向亚马逊追征了税款，但为什么后来会因为日美政府之间的协议而取消了国税厅的主张呢？”

之后得到的回答是：关于消费税，“由于‘提供跨国服务等’，因此不征收消费税。但会将这一问题作为日后的议题”。（注：现在政府的税制调查会正在商讨解决方案。）

关于法人税则是“外国企业若在日本不设分店则不征税”。（意思是日本亚马逊不是分店，而是仓库、运输公司？）

我归纳得很简单（还有关于电子书籍的意见），若想阅读全文，可以登录政府相关网站（2013年11月11日，质询第51号）。

文库版补记　2015年的修正法似乎规定亚马逊从日本顾客那里征收的消费税须付给日本政府。之所以写“似乎”，是因为亚马逊对于消费税的问题还只字未提。

亚马逊明明是美国的一家私营企业，为什么日本政府要对其唯命是从？也许有人会认为是法律规定的，没办法，但我一直坚信对“言论、出版”应该特别对待，因为这是关乎“语言”这一国家根基的问题。

我想举法国为例，那里无论是执政党还是在野党都大力拥护实体书店。出版业界刊物《新文化》（2014年4月3日）报道，同年1月9日通过了《反亚马逊法》，禁止网络书店“免配送费”；并要求缴纳“自2012年起未缴纳的消费税及罚金”，支付手续正在推进。

162

法国的消费税一般是19.6%，书籍是5.5%（报纸、杂志是2.1%）。日本出版界等到消费税达到10%的时候提出"出版物不课税"的方案如何？顶多（包含亚马逊的营业额在内）也就是1.6亿（2016年，1.47亿）日元的产业，我觉得对税收不会产生什么影响。我甚至觉得书籍可以申请成为"即将灭亡的文化遗产"。

2000年底亚马逊进入日本的时候，作为书店店员的我自然感觉到了威胁（实际的威胁超乎想象），但另一方面作为一名爱书人，我也觉得买书的方法增加了，等退休后也可以用用亚马逊。

换句话说，我觉得对于从1997年开始就一直走下坡路的出版业来说，亚马逊也许是救世主。我经常听到读者说，附近没有书店，就算有书店也买不到自己想要的书，等等。如果点击一下鼠标就能买到想要的书的话，出版物整体的销量一定会增长。就算美国企业处于领先地位，但日本很善于模仿和赶超。虽然这种商业模式在日本扎根会对书店造成冲击，但如果对读者有益的话也是可以接受的。前提是出版业整体能正向发展。

然而，美国综合商社亚马逊的销售额急速上升，主要出版物销售利润率很低的日本网络书店却看不到起色，而且更重要的是，出版物整体的销售额依然不断下滑。亚马逊的销售额如今占整体的10%^①以上（分母数值每年都在减少，所以占有率不断提高），不，有些类别的书，特别是专业类书籍等，经常会出现亚马逊一家的销量超过了所有实体书店销量的情况（专业类书籍出版社的业务员们都这么说）。亚马逊已发展成为日本第一的书店，并且还有继续发展的空间，但日本出版物的销售额（2013年，1.6823万亿日元）与亚马逊刚进入日本的2000年（2.5124万亿日元）相比，大约下滑到67%（出版科学研究所）。另外，书店的数量也几乎同比减少（同年度比较，从2145家店铺减少到1424家，只剩66%）。

亚马逊哪里是什么救世主，实际上是改变了"书籍的购买法"，扼住了出版物销量的喉咙吧？（亚马逊，如果觉得我是在找碴儿的话，请提出反对意见。）

当然，导致销售额持续下滑的最主要原因，应该是日本的文化产业结构以及消费行为的变化吧。"书"这种耗费时间的东西已经不流行了。虽然我一直坚信，书可以用于消遣娱乐，也可以用于积累知识，但现在很多人只把它当作一种信息传播的手段。

不不，即便如此还是有很多日本人把书籍看作是很重要的

---

① 2016年出版物总销售额为1.4709万亿日元。日本的出版物总销售额中，书籍和杂志几乎各占一半，因此可以推定杂志需求量甚微的亚马逊的书籍销售额差不多占了20%。也就是说，每五本书里就有一本是从亚马逊卖出的。（原书注）

东西，问题出在购买方法上。

我顽固地认为，网络提供了一种"高效的书籍购买法"，却如一记重拳，让读者失去了买书时的"故事"。我仍相信，买书、读书时的情形会成为人们大脑中的记忆点。

哎，就算我这样像个傻子般地呼吁，终究还是改变不了现状。因为现代人不需要"微不足道的故事"，而且还不见得是"愉快的故事"。

每天早上我拿着淳久堂的线上订货单从书架上取书的时候，都会感觉作为一名书店店员的自我认同感在一点点消失。

"手上拎着一大堆东西很酷的时代已经过去，现在流行不带东西啰，田口前辈。大家都不愿意把时间浪费在购物上，所以能高效购物的网络才会流行起来。"小海说道。我总以为书籍和其他东西不一样，但事实上却受到了一样的待遇。

小海提到了仙台店，这里我想先聊聊它。更准确地说应该是仙台 LOFT 店和在那里工作的佐藤纯子的情况。

在仙台车站附近有三家淳久堂的店铺，再加上一家丸善，可以说是一个书店密集区。这大概是2011年东日本大地震的后遗症吧。先是有一条走廊与仙台车站相连的 LOFT 店在四月重新开张。由于现仙台总店（位于 EBeanS 大厦）受灾严重，无法恢复营业，同年七月搬迁至车站对面的 TR 大厦重新开张。本以为到此为止了，没想到十一月 EBeanS 大厦恢复营业了。

在这种情况下，仙台团队把书搬来搬去，忙得不可开交。

最小的 LOFT 店有470坪，大的总店有1200坪，所以这个搬运量不可小觑。而且由于三家店的作业时间不同，因此放置空间有限，放不下的就暂时退给经销商。仙台各家店受到的震灾影响各有不同，但毕竟是刚经历了一场灾难，紧接着又投入一场重体力的搬家劳动，我想那里的店员们一定筋疲力尽了吧。但曾经经历过阪神大地震的淳久堂员工们都表示"正是因为每天都有要干的活才振作起来的"。原来如此啊。

小海在前一年参与了高崎分店的改装，还陆续协助了涩谷、吉祥寺、郡山等分店的开张工作，在文艺类书籍方面可以说是独当一面，因此仙台这次也去帮了好几次忙。

"当时的情况很混乱，现在已经不太能回想起来了。"她苦笑道。

地震前包括丸善在内是三家店，地震之后变成了四家。因为要区分各家店的特色，所以就要重新安排商品结构、订购新货，还要配合搬家的日程考虑书区的设置等，脑子都要炸了。但即便如此，小海却清楚地记得佐藤。

"因为都是负责文艺类书籍，所以之前就认识佐藤。但经过这次大搬家，对她有了重新的认识。她很认真也很勤奋，但做事的节奏和别人稍有不同，很特别。"小海这样评价道。

在淳久堂里时不时会遇到性格独特的员工，而我很喜欢这种包容各种"怪人"的自由的工作氛围。

2012年6月佐藤出版了一本名为《月刊佐藤纯子》的漫画，内容是三十岁女性（书店店员）的日常生活。哇，佐藤还会画漫画啊。后来还听说她在池袋店边上的杂司谷的"道草集市"里摆过摊，集市里都是卖一些杂货和二手书之类的。

紧接着，她在两个月后的8月又出版了《复兴的书店》（稻泉连，小学馆）。腰封上是三浦紫苑写的一句话——"到那时，书店会是照亮人们的一束光"。

之后，佐藤纯子接受了采访。

佐藤在开头这样说道：

"大地震之后那会儿，我一直认为书这种东西应该起不到什么作用了。"

但，她继续说道：

"我又想，借助书的力量，还有语言的力量，再加上我们自己保持精神充沛的话，至少能帮助一些人擦去泪水吧。因为在地震相关的书还没到货的时候，其他普通寻常的书一本接着一本地卖出了。（中略）所以我就想，先要设立一个能让顾客感受到'书店的日常'的书区，这种日常就是：那个不变的我在这里，那些不变的书在等待着我的到来。"

佐藤说的这番话可以理解为，人们不只是为了买书、读书来书店，而是想去那个放满各种书籍的地方。其实不仅是佐藤，在其他书店工作的很多书店店员都抱有同样的想法。

我当时就很想会会佐藤。

我和佐藤纯子的会面是在2013年秋天，距离《复兴的书店》出版已经过去一年多了。"书店的日常"应该已经恢复了。

"虽然现在还会讲震灾泡沫经济，但仙台的书店经营得很不容易。因为光是仙台站附近，站内就有六家店，周围有十家店。"

那真是不得了。在这种竞争环境里，仙台LOFT店（470坪，在淳久堂的分店里算小型的）要怎样存活下去呢？不不，我们不谈整家店铺的情况，就说说文艺书区吧。范围再缩小点，小说的情况如何？

"因为我们店在LOFT（大型杂货店）里面，进的书和其他淳久堂分店不一样，没有专业类书区，放的都是很日常的一些书籍。年轻顾客很多，大多都是学生吧。我们选的书籍要说有什么倾向性，应该是比较迎合女性读者吧，兴趣类、实用类等居多。这也是因为LOFT这个地理位置。杂志也是和生活相关的卖得好。你知道 murmur magazine 吗？啊，池袋店也有卖吧。服部MIREI的杂志，是本小杂志，仅限几家书店售卖，但它好像能引导人们去倾听自己内心的声音。当然销量不及普通的女性杂志，但在我们店会有一定数量的顾客支持这类小众杂志。

"小说的话，最近总感觉看小说的人几乎都会选择轻小说。大概也是因为顾客群体比较年轻吧。但最近轻小说的读者群体变成30岁的大人了。应该是读轻小说的孩子们长到了30岁吧。"

"轻小说"又出现了。田中香织也曾说过，认为轻小说是小孩子读的书的时代老早就过去了。

"轻小说娱乐性强，与漫画和动画相似，所以容易看懂。许多顾客会同时买轻小说和漫画。最近，不是轻小说的一些小说封面也会设计成漫画，还有书名变得超长。不管内容是什么，大家都想蹭蹭轻小说的人气。真不知该如何评价呢。"

如何评价？只要是商业出版，必定会顺应潮流。这个世道，若能靠封面和书名提高销售量，又何乐而不为呢？

"长年持续的文库系列《夏之100本》也逐渐变成轻小说了。现在愿意仔细钻研文字的读者越来越少了。"

这番见解十分值得思考。不仅是小说，所有的书籍都存在这个趋势。而我们身处这样的现实之中。

佐藤，你作为一名店员，在招揽顾客上下了哪些功夫呢？

"我想设计入口。比如外国文学，我会在外国文学书区的入口处堆放爱德华·戈里的作品，并且把封面展示出来。"

原来如此，就是字面意思的"入口"啊。

爱德华·戈里是美国的绘本及插画作家，出版了很多荒诞又富于残酷寓意的绘本，由柴田元幸翻译成日语，拥有许多狂热的粉丝。他的绘本大多放在书店里的美国文学书区，而不是儿童读物书区。池袋店是放在外国幻想文学书区。

"我会把姆明的漫画放到外国文学区，还会展示一些封面设计得很漂亮的漫画和绘本。总之就是有意识地摆放一些能吸引顾客眼球的书。

"另外就是对顾客的服务了。仙台有很多作家，其中伊坂幸太郎先生总是会与我们合作，每次新作出版都会来店里签名售书。当然我们也设立了伊坂先生的作品专区。"

对对，伊坂先生也来过池袋店，当时他还跟我们谈起过，他一直在仙台的很多书店搞签售活动。他说他会一直坚持做到做不了为止。

"地震的时候，靠墙的书架都这样倒下来，书全都……完全无法营业。"我们还是聊到了地震的话题。

"当时很不安，不知道还能不能继续做书店的工作。但当得知要重新开业的时候，我当时就想要做一些力所能及的事情。

"差不多一个月之后真正开店了，我们没有做任何宣传，而且当时的状况也不是谈论书籍的时候，所以我们当时都以为不会有顾客来。可是顾客还是来了，而且不少。顾客还关切地询问我们店里的受灾情况。当时特别欣慰。这让我觉得大家还是需要书籍、需要书店的。"

我们的聊天接近尾声。

"我想创造出一种氛围，能让人感觉去书店是很开心的事情，书店很有趣，去书店是逛街的乐趣之一，等等。我现在会一边设想，一边像往常一样卖着书。这就是我的'书店日常'。"

佐藤，最后跟我说说你喜欢的作家吧。

"我喜欢外国文学，比如马拉默德、布劳提根、塞林格。日本作家的话，比较喜欢堀江敏幸、岸本佐知子吧。"

虽然我和佐藤纯子的这次聊天有点仓促，但在这次采访之后出版的《优质书店店员》（木村俊介，三岛社，2013年）中也有关于她的内容，所以我就没再采访她第二、第三次了。我认为已经问到了重点。

这里所说的"重点"是指经历过非常时期的当事人传达出的真实声音。而且这个声音是一位书店店员发出的。她与其他很多店员一样,一边平淡地经营着"书店的日常",一边要时不时地为了书店的存活而奋力拼搏。

长时间陪伴在日本人身边的"书籍"是由"书店"提供的,这个简单的道理渐渐被人们遗忘了,而这次前所未有的大地震再次提醒人们认识到这一点。我怀着一股感伤与佐藤纯子道了别。

而书店正逐渐走向灭亡,这么一想就愈发感伤起来。

这里我又想顺便聊聊"地震"和"纸质书籍"。

淳久堂之所以会在东京开店,主要原因是一九九五年的阪神大地震。这次是佐藤说的东日本大地震。这两次地震后的情况十分相似,书店重新开张之时顾客们都蜂拥而至,并对我们说:"谢谢你们能重新开张。"畅销书也并不是与地震相关的书籍,而是极为普通的书籍。其他的很多书店也都一样,在报纸和电视上作为一段"佳话"被报道过很多次。

这里再跑个题,前几天我有幸采访到美铃书房的前任社长(现任董事顾问)持谷寿夫,我们聊了聊美铃书房"坚持出版长销书的七十年"。

我还记得持谷当时跟我说的话:

"我们公司的长销书,有几年销量猛增。那就是阪神淡路

大地震和东日本大地震的那两年。"他还告诉我卖得尤其好的是
《夜与雾》(维克多·弗兰克)[1] 和《关于生存的意义》(神谷美惠
子)[2]。

"当人遇到巨大的不幸时会读书。不仅是遭遇事故或灾难，
还有罹患重病的时候也如此。我坚信这就是书籍能发挥的作用。
就连平时只读娱乐性刊物的人，在这种时候也会想去好好读读
'书'，而且不会去看电子书，也不会在亚马逊等网络书店买书，
而是前往'能真实触碰到书籍的地方'。所以日本不能没有书店。
我一直这么认为，所以才会坚持做出版业。"

巨大的灾难也许会给人带来一些契机吧。下面说说我自己
的故事。1995年阪神大地震的时候，我在 LIBRO 总部工作。一
个月后的某天，一起在总部的同事中村文孝拿着一份业内报纸
向我招手。这份报纸上登载着工藤恭孝(时任淳久堂书店总经
理)持手电筒巡视三宫店的样子。

中村对我说："我们去淳久堂吧。"虽然我觉得中村当时只
是感情用事，但在1997年的春天我们真的来了淳久堂。

话题再回到小海裕美，准确地说应该是回到池袋店的小海
的工作日常。与2001年刚进公司的时候相比，2013年的现在，

---

① 《夜与雾》，1985年，与新版累计出版835000册。(原书注)
② 《关于生存的意义》，1966年，累计出版55300册。(原书注)

特别是在文学领域里发生了怎样的变化呢？这个变化和持续下滑的销售额有什么关联吗？

"刚进公司的时候，我会一本一本地把书放进书架。我觉得这是工作的基本，所以一直坚持在做。我不会盯准一本书来重点销售，不会特别为了某一本书写海报，换句话说就是不会只看重畅销书。我会根据常客的喜好来设计书区。我觉得这个理想在我心里没有改变，但是书的寿命变短了。现在经常会出现这样的情况：某本书上架了很长时间，但因为这两三年完全卖不出去，只好退给出版社。但出版社那边已经没有库存数据了，所以退也退不回去。虽说绝版书是我们店的一个卖点，但即便如此也卖不出去的书自然会绝版，对此我无话可说。最近，从一开始就没考虑再版的书越来越多了。

"刚进公司那会儿，恰逢收银台导入POS机（point of sales）。书店的销售数据会迅速传到出版社，我觉得这也有一定的影响。出版社当然不愿意做无用功，所以书店的POS机能提供再版印刷的数据参考。

"最近的新人作家的趋势吗？有几位虽然在文学领域没有名气，但在思想等其他领域很有名，比如东浩纪最近也写了小说。再比如佐佐木中，不对，佐佐木中最近可以算是小说家吧。还有在轻小说界早就声名大噪，作品内容浅显易懂，凭借《天地明察》（角川书店，2009年）爆红的冲方丁。不过冲方先生可以算是一位科幻小说家，他写的《壳中少女》很有名。此外还有著名的剧作家本谷有希子等。总之跨界作家越来越多了。

出版社也能在一定程度上计算出读者的数量，所以可能比较好出版。

"'奖'吗？嗯……有很多呀。差不多达到一天一个奖的频率，但好像对销量没什么积极影响。哪个奖都比不上芥川奖和直木奖。而且最近书店大奖的获奖作品要比芥川、直木奖的获奖作品卖得更好呢，大概是因为 NHK 转播了授奖仪式吧。读者都会觉得书店店员推荐的书籍准没错。而我们在推荐的时候，都是选择卖得好的书。这样真的好吗？虽然这话很难说出口，但还是希望能有所改善，毕竟对书店店员来说，这是个令人感到高兴的奖项。有点讽刺的是，明明一开始设立这个奖的宗旨是'虽然这本书不太为人所知，但被书店的店员发掘出来并推荐给读者们'，谁能想到会爆红。仔细想想，还好奖项的主办方是书的杂志社这样的小型出版社，如果是大型出版社的话，人们肯定会觉得获奖的书籍肯定都是有赞助商的。

"'奖'有很多，说明新人作家写的书出了很多。我刚进淳久堂那会儿，放在新书台上展示的几乎都是众所周知的作家的书（小海在学生时代曾在区图书馆打过工），但随着年龄增长，不认识的作家也越来越多了。总觉得有点奇怪呢。

"我每次看到新书展台都会想，一直坚持写书的确是件很辛苦的事情啊。我会为作家们担心：如果很年轻就出道，应该会迎来文思枯竭的那一天吧。但这也许是杞人忧天。有很多人都会在出道后辞去工作，我很想对他们说还是别辞比较好。所以我真的十分尊敬一生坚持写作的作家，比如大江健三郎、金井美惠子等。诗人谷川俊太郎也很厉害。

"要说长销书的话，嗯……文艺类的长销书都做成文库本了。所以真正的长销作品就是变成文库本也畅销的单行本，比如司马辽太郎、村上春树等。单行本的销售期很短。新书畅销期已经逐渐缩短到一个月不到。能持续畅销一年的小说实在是少数。就连村上先生今年出版的《没有色彩的多崎作和他的巡礼之年》在卖了半年以后，虽然谈不上完全卖不出去，但销量也大大减少了。

"后面有文库本，是这个领域的一大特征。不过最近佐伯泰英呀、高田郁呀、三上延等，新书直接就是文库本的情况越来越多了，出版情况在一点点地发生变化。而且其他领域的文库本也在增加，出现了文库本的商业用书、专业类书籍和实用类书籍等。我觉得今后还会继续发生变化。

"对我自己来说，所谓的长销书是出现在教科书上的作品，会让人时不时想要再读一遍或是推荐给其他人。比如《岳物语》呀、《雪虫》呀，还有重松清和谷川俊太郎等。这么想来，选择什么作品放进教科书里还是很重要的呀，因为它会伴随你一辈子。

"总之最近发生的变化应该是：作家们开始热衷于作品推广了。一出新书马上就会发推特，感觉都等不及出版社给他们打广告了。另外，作家们还热衷于逛书店。可能是因为我们店是东京都中心的大型书店吧，但在我刚进公司的时候是绝对看不到这种情况的——平均每周都会有一两位作家来。有的作家会在签售之后和我们一起拍照，然后马上发推特。即使不拍照也会发一条动态：'刚在淳久堂签完书。'推特的传播力还是大呀，马上就会有反应。也可能是这个原因，前段时间二手书店的猎书者们会到各个书店寻觅签了名的书。不过最近感觉有所减少。现在是不是到了一个外行超越内行的时代？说到外行，作家们好像都很在意亚马逊上的书评。不光是亚马逊，还有很多读者会在博客上写书评，他们的影响力之大，放在以前是根本想象不到的。有时会出现某个新人作家的作品突然大卖的情况，还想问是为什么，原来是推特上大家在热议，或者是在博客上看到之类的。作家和读者之间的距离在不断缩小。甚至有读者会认为自己喜欢的作家是朋友。有的作家会把这当成是卖点，但也有的作家会觉得受拘束。也许像村上春树这样刻意保持距离的作家濒临灭绝了吧。"

就这样，小海裕美的采访以"果然是村上春树"画上句号。

佐藤纯子和小海裕美都是因为机缘巧合而待在"这个地方"。虽然这个地方因为大地震动摇过，因为书店的转型期动荡过，但她俩都对自己选择在"卖书的地方"工作而感到自豪。这应该就是能坚持工作下来的最大原动力吧。我由衷希望在创作书、出版书、流通书、售卖书这一系列流程中，这种"自豪感"能一棒接一棒地传递下去。

文库版补记　小海裕美2014年2月产下女儿，2016年复职继续负责文艺类书籍。佐藤纯子4月离职。

　　再增补　2015年、2016年连续两年的最畅销书是芥川奖获奖作品，分别是《火花》（又吉直树）和《人间便利店》（村田沙也香）。直击年轻人心灵的优质作品获奖了，我们书店店员卖得也更有劲了。两位作家的性格和经历更让销量扶摇直上。希望年轻人也能读读非单纯娱乐的文学作品，靠自己的手和眼睛去分辨什么是"单纯"和"非单纯"的作品（把手和目合并起来，就是看护的"看"）。

顾客至上？

　　我见到了阔别许久的永井祥一。我们每年十一月下旬都会去铫子给已故的田中达治（筑摩书房原营业部长）扫墓，这样算起来，和永井差不多有半年没见了。据说扫墓团是在田中去世后的第二年，也就是2008年由六七个人发起的。目前大家都还健在。大家以前都是大型出版社的营业部门的主管。不过他们都已从新潮社或文艺春秋退休了，达治先生去世时还在同一公司工作的，大概只有永井和我这种后来加入的人了吧。

　　身为书店店员的我暗自想着，扫墓团能坚持这么多年，除了因为达治的人格魅力之外，大概还因为他们在正值青壮年的20世纪90年代，曾齐心协力想要改善传统的出版流通模式。这群有志向又有权力的中层管理人员，成立了一个跨越出版社的团体，使出浑身解数致力于"出版流通模式的改善"。他们留下的成果是"能在网页上确认各出版社的库存情况并且下订单的系统"。这个团体的核心人物是田中达治。可惜他英年早逝，壮志未酬，至今还能听见为他的去世哀悼的声音。

"不过，小达是在最好的时期走了啊。"实际上，如今陷入出版流通的沼泽之中无法动弹的有志之士大有人在。有什么好隐瞒的，我也是啊。

出版业是个小行业，直到前几年为止，整个出版业的年销售总额和优衣库一家公司的差不多。但2016年这一年的销售总额（1.4709万亿日元）（出版科学研究所）与迅销公司七个月的销售额（1.4779万亿日元）差不多，而且优衣库从制造到销售都是一家公司（关联公司）。说得再直白一点，出版业的利润率望尘莫及。

让我们有切身紧迫感的当属亚马逊的销售额。前几天看到贴在冰箱上的一小块剪报，不记得是什么时候贴的，上面写着"亚马逊在日本国内2016年的销售额同比增长30%，约为1.2万亿"。虽然不知道其中出版物所占的比例（在某个人网页上查到的数字是10%），但2017年，亚马逊的总销售额肯定会超过日本的出版物总销售额吧。

亚马逊的出版物销售额的准确数值不明（亚马逊不公开），但我觉得刚才说的10%应该差不多。这么算的话，亚马逊出版物方面的营收几乎来源于（除单价低的杂志和受众群多为年轻人的漫画以外的）书籍，而日本的出版书籍营收中几乎20%来自亚马逊。

首先我们必须明确一个前提，就是日本的人口不断减少，看书的人数必然也在减少。

达治他们的行动太晚了。从1996年开始，出版物的销售额持续下滑，几乎在同一时期，IT化的浪潮席卷而来。之后在2000年底，亚马逊登陆日本，购书方式发生巨变。就算有志改善现状，也无能为力。换句话说就是，不知道什么样的流通系统才是最好的。如今甚至有出版社认为，有亚马逊的话就不需要书店了吧。即便没这么极端，出版社的真实想法应该是："我们在亚马逊上的销售额占比很高（很多出版社都超过了20%，尤其是小规模的出版社占比很高），所以会继续合作。"再加上据说很多作者会给责任编辑施加压力说："别让我的书在亚马逊网站上断货哦。"经销商们也创造出一套亚马逊模式，并将其作为主要书店对待。现在不仅是经销商和出版社，就连作者都抛弃了书店，弄得我们有点不知所措。

原本这个行业能成立，是靠"转售制度（出版社设定售卖价格的制度，1953年施行）"作为流通的基础。一本书无论在哪里购买都是一样的价格，所以这个行业里不存在价格竞争这个词。但也由于没有竞争，这个行业的利润幅度极小。如今美国企业手持IT这一武器闯进这个市场，这个"语言＝日语"的市场。美国占领日本七十年后的和平难道就体现在这里？不会吧。

近二十年来，出版物总销售额持续下滑，跟全盛时期（1996

年）相比已经跌了将近一半。2000年底亚马逊登陆的时候，出版社和经销商之所以没有发起大规模的反对活动，应该是因为他们觉得亚马逊可以解救当下的下滑趋势，也就是"购买手段增多＝销售额提高"。结果没想到下滑的状况丝毫没有得到改善。书店会倒闭的预测倒是很准。

亚马逊的策略确实很简单。本来他们的优势就在于，顾客不必特意出门就可以买到书，而且小书店里没有的最畅销书和专业类书籍也只要轻点一下鼠标就可以轻松买到。除此以外，还有积分（也就是折扣）、即日配送（现在仅限会员享受）和免运费（这也是折扣的一种形态）等优惠便利政策，所以亚马逊已逐渐攀升为日本首屈一指的书店了。

地方书店和首都圈内的中小规模书店陆续倒闭。书店数量最多的时候是20世纪90年代中期（23000家），现在减少了将近一半（12000家）。店里也经常能听到顾客抱怨说："附近的书店都没了。"几年前还能听出顾客说这话的时候，其实想表达的意思是："都怪你们啊。"但最近能感觉到顾客，特别是上了年纪的男性顾客想表达的是："拜托你们加把劲啊！"

现在，出版流通业的动荡更为剧烈。和转售制度一同支撑着流通的"经销商"也开始动摇了。

不过，原因仅仅在于亚马逊这艘"黑船"的强大攻势吗？当然也不仅是因为产业结构的 IT 化吧。换句话说就是，我觉得亚马逊瞬间席卷日本书店界的根源在于日本本身。明明原本是一块肥沃的土壤，不知是哪里流失了养分。

我这次就想询问这些，所以再次拜访了永井祥一。

永井祥一从讲谈社跳槽到名为JPO（日本出版基础建设中心，2002年设立）的社团法人，担任经理，但据说于今年七月退休，现在担任顾问。JPO是集出版社、经销商、书店三种业态而设立的团体，但从组织架构来看，是由出版界领军企业小学馆（集英社）和讲谈社主导，目的是"确保出版流通体系不至于崩溃"。可是几乎没有几个书店店员知道它的存在，就算知道也会以为它只是个"保护出版社利益的团体"，并不关心书店的死活。

那么其他出版社对这个团体是怎么评价的呢？这部分也很微妙。JPO自成立起已经过去十五年，所以应该没有出版社不知道它的存在，但评价嘛……日本出版流通的大致流程是三个阶段：出版社→经销商→书店。本来的问题在于"流通靠经销商"，但如今光靠经销商解决不了问题，出版社也要积极参与才能看到一线生机，因为出版社是源头。我虽然不清楚两大出版社是不是因为这个原因而加入这个团体，但可以说出版流通的问题的确已经到了"这种程度"。

当我重读本书于2014年发行的单行本时，决定在发行文库本的时候重写一下最后一章"电子书籍走到了哪一步"（基于永井祥一的专访整理的内容）。因为这三年来，线上书店（亚马逊占据绝大部分市场份额）和与亚马逊也紧密关联的电子书籍的存在感与日俱增。

在本书的单行本里，永井曾说，他呼吁整个出版界吸取东日本大地震中损失惨重的教训，利用政府提供的书籍电子化扶助金（扶助金法案通过时还是民主党当权！如果是安倍政权的话，感觉只会关心幼儿园和大学的情况，而不会关心书籍，应该不可能发放这笔扶助金吧），积极致力于书籍电子化事业。这段话不正印证了当时的电子书籍的情况吗？

永井继续说道，虽然当时有很多待解决的课题，而且总有一些批判的意见阻止新生事业的展开，但从总体上来看，出版界对"电子书籍的制作和流通"的理解在不断加深。我觉得在当时没有加入的出版社看来，电子化的门槛也变低了。他想表达的意思大概是，电子市场本来几乎就是"亚马逊 =Kindle"的垄断状态，如果出版界再不积极采取行动的话，事态会变得愈发不可收拾[1]。但从他的语气里能听出以他所在的立场不能把话说破的意思。不过，永井无法隐藏他的坚定信念，那便是如果无视电子时代这股潮流，出版业将没有未来可言（他还补充道：虽然面对你这个书店店员有点难以启齿）。

---

[1]　2017 年 8 月 16 日的《每日新闻》上登载了一篇报道，题为"亚马逊撤回最便宜价格请求"。据说至今为止，在电子书制作这块，一直在签订"亚马逊（Kindle）售价最便宜"的合同，而这一行为疑似违反垄断禁止法。因此，亚马逊急忙撤回了有关最便宜售价的请求。我问出版社的业务员："为什么会签订这样的合同？"得到的回答是，他们被威胁说如果不签的话，书在亚马逊上就卖不出去，所以不得不签。好像正是因为有这个合同，亚马逊才能垄断电子书市场。这位业务员还一脸悔恨地补充道："电子书市场的竞争就在于优惠力度啊。"不过，对于亚马逊来说，签订这个合同也是"为顾客着想"。这就是亚马逊的常规手段。（原书注）

　　我和永井是在饭田桥车站旁边、皇居外护城河的一家设有划船场的餐厅见的面。虽然还是六月初，但那天很热，而且风很大。和我一起来的田中香织笑着说："这种天气还有情侣划船呢。"只见波光粼粼的水面上浮着几艘船。

　　"快看，风大的时候才能显出男性的力量啊。"永井大叔也笑了起来。

　　但定睛一看，有的情侣是女生在划船，男生坐在对面拍照。

　　在漫画书区工作的田中，在同事当中是最关心出版流通的，而且电子漫画的销售额远远超越其他领域（占电子书籍总额的76.5%）（出版科学研究所）。我邀请她一起来的时候，是这么跟她说的："碰到我不太了解的话题时，你要帮我一下哦。"我实在不太了解漫画。

　　永井一开口就说，问题是杂志啊。

　　"杂志销售量下滑（这二十年锐减至48%，书籍减至69%）的最大原因是获取信息的方式发生了变化。首选的就是网络，信息必须要快。如果想更深入地获取信息，一般会选择的出版物是新书，而不是杂志。"永井一边说，一边用手按住餐巾纸以免被风吹走。

　　我也一边按着餐巾纸，一边认可了他的说法。杂志的陨落是因为网络的普及，谁都会先选择从网上获取信息。至于新书嘛，这么说来的确是这样，比如那本《日本会议研究》（菅野完，扶桑社），尽管《朝日新闻》在此之前做过几次"日本会议特辑"，但还是在这本书发售之后才爆红的。而且这本书还一度停售，更是引发热议。之后也有类似的书出版，但还是这本的影响力最大。不过现在我们先要谈谈"杂志"。

"而且，出版统计的杂志里，包含很多漫画对吧。"田中一下子把话题引到了漫画上。

（各位读者如果手边有漫画的话，请看一下封底左下角。如果印有杂志的编号，就是被归为杂志类别的漫画，换言之就是把连载在杂志上的漫画编辑成册，统计时算作杂志[①]。）

我问田中："发行的漫画中有多少是被算作杂志的？"但田中也不大清楚，大概一半以上吧？

"我觉得所占的比例应该比较稳定。不过最近算作书籍的漫画变多了，KADOKAWA（角川书店最近都使用这个标记方法）正不断扩大这块的市场份额。"

话题好像要涉及业内隐私了，就此打住。

"漫画的数字化对杂志的销售额产生了巨大的影响。"田中一边说着，一边拿出手机给我们看漫画的数字化比率。

"没错，电子漫画（新刊的纸质版和电子版几乎同时发售）

[①] 2015年日贩发布的"各类别销售额占比"中，漫画和杂志被分开计算，销售额比率基本是三比二，二者相加共占出版物总销售额的55%。但是报纸等媒体上报道的出版科学研究所（包含东贩在内）公布的数据中，是把带有杂志编码的出版物全都算作"杂志"来统计的，所以这里采用出版科学研究所的统计数据。（原书注）

的销售额眼看着要超过纸质漫画，大概就在今年，最晚也是明年。"讲谈社出身的永井这样说道。我心中暗自想，在积极推进数字化的讲谈社和小学馆集英社，电子版的销售额应该已经超越了纸质版的吧。

之后我查到了出版科学研究所发表的名为"纸质市场＋电子出版"的统计数据，其中显示"纸质版14709＋电子版1909"（单位为亿，2016年）。如前文所述，电子出版物中有76.5%是漫画。

"而且，电子书有折扣。"田中继续说道。对啊，电子出版物不受转售制度限制，打折是家常便饭吧。田中又说：

"免费阅读的电子漫画不断涌现出来。数量大概是收费作品的好几倍吧，说不定更多。其中的人气作品会作为收费作品重新发售，这种情况在漫画界已经是很平常的事了。"

虽说有了电子书，但读者人数并不会因此而急剧增加，而且很多读者都会流向几乎不需要专业员工和纸张、印刷等制作经费的免费电子书，这样一来，漫画的整体市场会陷入低迷状态（另外，漫画的整体"质量"也会不断下滑吧？）。田中比较担心漫画作品的品质，我则比较担忧市场。市场如果健全的话，品质应该就能得到保障（田中大概会说我太天真了吧！）。

再回到永井提到的漫画市场的话题。

"我进讲谈社（1973年）后的第一份工作是做漫画的宣传。这就是新员工的工作。之后不到十年的时间，漫画就成了最赚钱的类别，如今能做出畅销漫画的员工会被评价为优秀员工，招聘新员工的时候也倾向于选择适合漫画类别的人。而且可以说，日本的领军出版社都是因为重视漫画才逐渐壮大起来的。"

没错，听说日本的首相和副首相都非常喜欢看漫画。不对，应该是他们小时候喜欢吧。而且首相的措辞经常被纠正。首相还在里昂奥运会的闭幕式上得意扬扬地扮演了"超级马里奥"，这应该算是名副其实的日本亚文化的顶点！素养到底是什么呢？二位都出身于所谓的上流阶层，所以无须依靠素养攀上顶点（至今我还相信在日本的近代发生的，穷人家里的孩子们通过读"书"跻身于上层阶级的故事）。

我在前文中提到，日本的出版流通网开始出现破绽。如果销售额持续下滑的话，重要的运费也会筹措不出来，甚至送货的司机和卡车也会开始短缺。出版界和经销商的大佬们开始惊慌失措："必须得采取措施啊，必须得解决问题啊。"却不知如何是好。小学馆和讲谈社不得不出马，于是成立了JPO，一晃过去了十五年。可是半路杀出个程咬金——美国企业亚马逊。这家书店开展业务的想法完全不同，并且转眼之间就成为日本销售额第一的外国企业。

我推测从美国进军日本的亚马逊"现在占日本图书（不包含杂志，所以约占总出版物的一半）销售额的20%—25%，至于电子书，基本垄断了日本市场（抱歉这都是我个人的推测，因为综合商社亚马逊不公布自己公司的销售额）"。而小学馆和讲谈社两家公司加起来还不到20%，虽然存在制造商和销售业的区别。

对亚马逊来说，日本的文化无关紧要，只要有商机就够了。对吧，永井？

"嗯……这个不大好说，亚马逊是把顾客放在第一位对吧，但和一般意义上的'顾客至上'不大一样。他们的思维是，即便亏本，但只要让顾客获利，公司最终还是得利的。美国的公司一般都是把股东放在第一位，但亚马逊是把顾客放在比股东更重要的位置上，而且到了膜拜的程度。"

"让顾客获利指的是，基本不用去书店就能买到书，价格还便宜一些（有积分，运费还基本免费），送货速度快（在一定条件下可以当日配送），对吧？这就是所谓的顾客至上。"

我一边说，一边感到悲伤。我们书店要是没客人来的话就得关门了。而且当店里没有顾客想要的书的时候，我们做不到把下单的书低价又迅速地送到顾客手里，因为有转售制度和掌管流通的经销商的约束。当然也是因为有转售制度和经销商的存在，日本的出版体制才得以保持稳定。虽然很稳定，但不能把书便宜地卖给读者。"客注（特别订购书店里没有库存的书）"的进货周期很长是实体书店的一大缺点。亚马逊正是弥补了这一点才赢得了日本读者压倒性的支持，坐上了日本第一书店的宝座。这个美国网络公司可以说是最极致的"客注书店"。

前面也提到过，因为有转售制度，图书价格很稳定，所以就算利润薄，出版社、经销商和书店还能经营下去。也因为流通很稳定，印刷量少的书得以长期持续销售。日本的流通形态不像美国的那么利润丰厚，换言之就是即使图书的定价高，也不会像亚马逊这样的实力企业一样，通过降价和快速配送来赢得顾客的青睐。

二十多年前，我认识的一位美国女性曾说过："在美国，大家都是先在书店确认了价格，然后回家在亚马逊上买，这是极为普遍的情况。亚马逊上一般都是八折的价格。"那时我还觉得这是人家国家的情况，但现在在日本的书店里也时不时能看到，顾客一边确认书上的标价，一边用手机下单。可能是我的错觉吧，这样的顾客多为女性，而且是年轻的女性。

前几天在店里听到一个女生大声说道："我都是在这里看了以后，回家在亚马逊上买。"一定是想表现自己是个"聪明的消费者"吧。日本的书店变成让亚马逊赚钱的展示厅了。

"没错，便宜、快速是努力的目标，换句话说，也是压力吧。亚马逊顶着巨大的压力呀。"

我第二次见到永井的时候，他说希望我再多写点"亚马逊"的情况。但在上次和上上次的时候，他都是含糊不清地对我说："再怎么说，亚马逊也是我们的一个客户啊……"这次之所以松口了，一定是因为在6月29日这一天，好几个综合报纸都用了很大篇幅报道了"亚马逊动摇出版流通体系，扩大与出版社的直接合作"（《每日新闻》）。

这个问题带给出版界巨大的危机感。

亚马逊之所以能轻而易举地进入日本市场，除了前文说到的原因之外，还因为有人天真地以为，日本的市场有转售制度，所以亚马逊无法实施它所擅长的折扣政策，而且运费免费的话，利润很薄，也就是说亚马逊的加入只是增加了一家不同形态的大型书店而已。然而，实行运费免费和换取积分形式的折扣看似亏损，但图书以外的商品（这部分占绝大多数，估计差不多占比90%）所赚取的利润足以抵消这些亏损。这是外行想想也能明白的事情，因为亚马逊是一家综合商社，而且不用支付税金。

亚马逊接到顾客的订单之后，首先会查询自家的仓库，如果有库存就会在当天或第二天发货，如果没有库存就会联系经销商（以日贩为主）。经销商如果有库存就会在两天后发货，如果没库存的话，日贩就会联系出版社订购。出版社会出货给日贩，但不会因为是亚马逊就出货特别快，所以送到顾客手里最少需要一周时间（与我们合作的东贩，书滞留在仓库超过一周是家常便饭。也就是说书店的顾客在订购之后，得做好十天到两周以后才能收到书的心理准备[1]），但是经销商会最先出货给亚马逊。

根据6月29日报纸上的报道，亚马逊要求出版社允许它直接订购（不经由经销商）经销商无库存的图书。与出版社直接合作的话，亚马逊能获得"经销商的销售佣金"，而且可以更快地

---

[1]　东贩和日贩各设了一个系统（Bookliner 和 QuickBook），能快速配送顾客订购的图书，如果自己公司有库存的话，接到订单的第二天或第三天就能出货，但要收取手续费。（原书注）

拿到货。其实在此之前，亚马逊一直在跟各个出版社交涉，希望能够直接合作。答应合作的出版社也有好几家。但为什么这次变成了面向全部出版社的要求？

我个人猜测是因为依照去年的修正法，亚马逊从今年起必须把从顾客那里收取的消费税缴纳给日本政府[1]。而且据报纸等媒体的报道，亚马逊与大和物流公司因为费用和配送速度等问题起了争执（看了这次的报道才明白，原来能按照约定的时间把书送到顾客手上，不是因为"亚马逊厉害"，而是因为"大和厉害"啊）。因此这次对出版社的要求，应该是想回本的亚马逊在万般无奈之下想出来的计策吧，不过这只是我个人的猜测罢了。不，亚马逊比你想的更加深谋远虑——也有业内消息灵通的人士这样说。

不管出现过什么状况，亚马逊确实做到了让顾客更容易地买到书、更快地拿到书，顾客还可以用积分获得折扣优惠。这有什么问题吗？亚马逊所付出的努力是你们做不到的。在亚马逊网站上还能一并购买图书以外的其他商品（其他网络书店做不到这一点），而且使用起来十分顺手（我们在店里经常碰到顾

---

[1] 关于亚马逊不缴纳消费税（与法人税）的问题，在之前的章节里已经提到过。政府在关于消费税问题的报告书里，曾表示将其作为"今后的讨论项目"，2013年修正法案通过（之前的一笔勾销），规定亚马逊今后须缴纳税金。"日本政府对亚马逊等外国企业终于也公平地课税了。"曾担任过事务局局长的永井说道。（原书注）

客抱怨说，你们家的网页 honto 好难用啊。每次听到这话都很难为情）。这在很多顾客看来就是企业努力的成果，是追求顾客至上的态度，很棒！而结果就是，经销商的规模不断缩小，一直坚持下来的书店也濒临倒闭。只能说"这意味着在流通战争中战败了。输给外国企业的零售业有很多，这是没办法的事情"。

"我认为关键在于建立信赖关系。"永井如是说。信赖，好久没听到这个词了。

"换句话说就是，几乎所有的出版社都认为，亚马逊的条件一定会越来越严格。这次开出的条件和目前给经销商开出的批发价差不多，而且亚马逊表示如果不答应的话就关闭购买通道（出版社认为这是威胁）。所以出版社会答应，因为亚马逊和经销商都没有库存的图书毕竟没多少。不过，条件肯定会越来越高，最终开出的合作条件大概会压缩到图书成本价加上送到亚马逊的配送费，再加上一点微薄的利润吧。"我倒是觉得，只要能有利润就够了。

很多来书店走访的出版社业务员都说，最可怕的是，总有一天亚马逊会开出一个我们无法接受的条件（更可怕的是，亚马逊会在未来的某一天提出要求：所有的图书都直接向出版社订购，而不经过经销商。可怕得都不敢说出口）。他们都会直接表达出对亚马逊的不信任感（更准确地说应该是恐惧），都说按照至今为止发生的事情来看，他们所担忧的情况一定会发生。总之，出版社和亚马逊之间不存在"商量"，只有"命令"。

"要是那样的话，就只能提高定价了吧。"我单纯地答道。

"顾客在选择快速送达、运费免费、兑换积分的时候，也不会认为这些是天上掉下的馅饼吧，总要在哪里付出点代价。"

"但是，本来书就卖不出去，不可能再涨价啊。"

六月份的时候（因为要在六月底之前给亚马逊回复），我和出版社的业务员在书店里进行了好几次这样的对话。所以，在和永井交谈的时候，这些对话内容一直在我的脑海中闪现。

"嗯，不过不只是这些，"永井一反常态，严肃地说道。

"顾客会因为价格便宜和送货速度快，而选择亚马逊（还因为能购买图书以外的商品）。出版社会因为想利用亚马逊出售自己公司的书，而答应亚马逊提出的条件。这些都是他们各自做出的选择，所以要自己承担责任（来了，自己承担责任，日本政府的招牌用语，现在是'忖度'！）。但是，假设我是亚马逊的员工，对我来说只要有很多顾客在亚马逊上买书就行。只要达成这一点就足矣。那么，要达成这个目标，具体会怎么做呢？比如，有传闻说某家文化类的、有一些历史的出版社（永井实名列举了两三家出版社，因为感觉有点不吉利，所以还是不写出来了）濒临破产，这种时候，淳久堂要是能感同身受的话，会怎么做呢？"

"会尽力提供援助吧。举办书展之类的，应该会使出浑身解数吧。"

"对吧。现在如果出版社倒闭的话，越是文化类的、有历史的书店，越是不可能复制，所以会想要伸出援手去帮助对吧？我觉得即便是小规模的书店也会这么想。但对日本最大的亚马逊书店的店员来说，这只不过是业内商议的结果，不会有任何忖度。不，如果是我的话，还会趁此机会低价收购这家出版社，这样就能以更便宜的价格把书卖给顾客了。"

说得没错，永井是想在"信赖"这个词里融入日本的出版社和书店之间的联结感，这是"维系日本文化并反映社会的出版界的骄傲"。但亚马逊不具备这一点。在"日本的文化和社会"中必须要有图书的制作和售卖。我也百分百这么认为。

我曾问过作家水村美苗："所谓的日本人是什么呢？"她当时回答说："（向上追溯几代）说日语的人。"我们正是做着与日语相关的工作。

"话说，和亚马逊签订直销契约的出版社，是怎么处理转售契约的呢？"

我很担心"转售契约"这一块。本来亚马逊就已经属于业内话题了，现在不得不进一步谈论更细节的问题，实在抱歉。

前面已经提过好几次，书是出版社→经销商，首先由双方签订转售契约，然后是经销商→书店，双方再签订转售契约，这样才能做到按照规定的价格进行售卖。所以，如果出版社不与亚马逊重新签订转售契约的话，就算亚马逊随意将"亚马逊和经销商都没有库存，直接从出版社进货的图书"降价售卖，出版社这边也无话可说。对亚马逊毫无信任感的我觉得，亚马逊会打着"直接进货"的幌子，随意降低图书的价格。因为亚马逊要的就是把图书更便宜地卖给顾客。

"这个不好说，出版社如果能冷静思考的话，应该会签订吧。不过这次亚马逊提出的要求中，不包含转售契约，但好像有可以解释为保证定价销售的项目。亚马逊使用的法律用语很难理解呢。"永井也露出了迷茫的表情。

如果不签订转售契约，那么我猜测这就是亚马逊用以达成目标的方式，这个目标就是"为了顾客着想，所有的书都不通过经销商，而是直接从出版社进货，换言之就是图书价格会比其他书店都便宜"。而这也将导致从战后开始就一直支撑着日本出版业的流通体制的崩塌。

现在我们身处一个岔路口。想靠"方便和优惠"垄断市场的聪明的亚马逊，据说律师团一直在一旁待命的亚马逊，据说老板是美国第一富豪的亚马逊，你的真正目的到底是什么呢？

之前有一次，某大型儿童读物出版社的编辑被介绍来我们书店。当时她这样说道：

"前几天临时需要一本书。我平时都是在亚马逊上买书，但当时送货时间来不及了。后来我打电话到你们淳久堂一问，结果有库存。有时也会有这种情况呢。淳久堂真棒！"

她应该是想表扬我们，但换句话说就是淳久堂平时没什么用。而且这也让我们再一次认识到，在所有的行业中，亚马逊使用率最高的是出版业。也就是说整个出版业（首先是出版社，还有与亚马逊的贸易额排第一的经销商，甚至包括作者）都是亚马逊的支持者，这就没办法了。如今就算哭诉也无用。

再说一则《每日新闻》的报道：美国亚马逊公布了雇用五万名新员工的计划。这是在呼应特朗普总统提出的"美国优先政策"吧。据说在美国，亚马逊向特朗普总统捐款，引发了大规模的拒买运动。然而这位特朗普总统却发推特说："亚马逊给纳税的零售商带来了巨大的伤害。"（也是《每日新闻》的报道。）看到这里我不禁笑了出来，亚马逊虽然向政客捐款，但大概没有积极地缴税吧？亚马逊，如果觉得我是在"找碴儿"的话，那就请公开具体的数据进行反驳吧。到时候，我也会公开道歉的。

"要是像德国那样，有一个只要在傍晚之前订购图书，第二天就能送达书店的系统就好了呀。"永井说。

永井还告诉我，世界技术水平最高的高速公路（原则上免费）环绕整个德国境内，虽然国家幅员辽阔，但交通能保证图书第二天就能送到书店。因此书店里不需要很多库存，也几乎看不到图书封面朝上摆放的展台。因为书籍的滞留日很短，所以相较于日本，德国经销商的建筑物很小。真好啊。为什么会说好，是因为德国的出版业共同思考出了一个让书店能存活下去的机制。大概整个出版业都对"书籍"抱有一种骄傲吧。据说在法国，开书店能获得公共补助金。而且我认为，德、法两国政府都想采取一些对策，尤其是在税金和运费的制度上，阻碍亚马逊的进攻。

　　定居德国的作家多和田叶子所著的《百年的散步》中，有一幕写到她去附近的小书店取在网上买的书。在日本也存在类似的系统，顾客可以登录经销商的网页查看库存，如果有的话就能要求其送至家附近的书店（据东贩的营业员说，基本上两天后能到货）。但是东贩网站上的书只能送至与其合作的书店，日贩也是一样，书店还另外要付给经销商书籍定价的3%+20日元。顺便介绍一下，在日本，一般经销商→书店的进货价格平均为定价的78%左右（准确的数值不明，但大概是这个比率），而且几乎都允许退货。而在德国，据永井说，出版社→书店渠道的进货价格是定价的60%，如果经销商介入的话是65%（几乎准确），但不能退货。而且德国图书的价格是日本的两倍以上。这是一位东京大学的老师告诉我的。

　　要理解日本和德、法两国的书籍情况的差异，必须要先有意识地了解"书籍文化"的差异。不过可以肯定的一点是"日本的书店店员的工资是最低的"。

　　不仅亚马逊的话题不断地深入，变成了小范围的业内话题，日本政府也不像德国和法国一样，能带头"保护本国的出版文化"（日本明明是有《源氏物语》这种作品的、历史悠久的故事大国），而且日本国内的顾客依赖美国企业，甚至有很多人认为这是没办法的事情，总比依赖中国好（明明日本的文化来源于中国）。前途因此一片灰暗。最关键的是，对象是从一开始就没觉得能赢过的"几乎得到所有日本人支持的美国IT企业"。但我却还是忍不住写了很多，实在可悲啊。所以我们还是回到杂志的话题上吧。

"杂志的销售额不断下滑，这说明情况还在进一步恶化，"永井将话题拉回到杂志上。但这也不是个令人愉快的话题。

"日本的出版流通网一直是靠杂志支撑的。"

嗯，这是只要对出版业有点了解的人都知道的常识。我总会首先告诉年轻的店员们："《广辞苑》是跟着《周刊少年JUMP》被配送到各地书店的，而不是反过来。"

而纸质版《周刊少年JUMP》的销售额持续下跌。不只是漫画杂志，周刊杂志、月刊杂志，不管是哪一类杂志都一样。曾经的最畅销新闻类杂志PIA也在六年前停刊了。除了PIA以外，还有很多杂志都陆续停刊。因为败给了网络的信息传播速度，所以重视传输信息的杂志销量下跌。信息类杂志和给成人看的漫画杂志基本上都是读完就扔的，所以读者都会转而去看电子版。不过目前纸质版和电子版同时发售，价格是依据纸质版的销量来定的，也就是说电子版还是被当作赠品看待。

这时田中插话说：

"还有杂志的畅读服务。"（每月支付500日元可以畅读五百种以上的杂志！）

对对，听说这个服务受到上班族的好评。目前，电子杂志对于出版社来说相当于赠品，所以相当于免费地发布在网上。许多出版业相关人士都订阅了。"纸质版"正从出版业内部开始逐渐瓦解。

"问题的严重性不仅在于承载信息的媒介，还有传输手段呀。"

永井的表情越来越凝重。他说，数字化不断发展的原因，不在于是纸质版还是电子版的问题，而在于其他一些无可奈何的因素。

"有不少书是东京的特产。"

没错，的确如此。出版物的三分之二以上都是在首都圈内制作出来的。印刷厂和装订厂都集中在这里。销售市场也集中在此。

"大部分产品都是在地方生产，然后运到东京来卖对吧。这些运货的卡车回去的时候会装上东京特产——出版物，因为是搭回程的顺风车，所以运费比较便宜。杂志几乎每天发行，而且数量规律。"

这样啊。杂志和漫画市场经过这二十年，规模缩小了一半以上，也就是说运送的货物减少了一半以上。但即便如此，一辆卡车的运费并不会因此变成半价。不过货品毕竟少了一半，这对运输公司来说也是很头疼的事情。听说今年春天的时候，承担主要业务的卡车公司提出了"想退出"的请求。虽然当时得到了妥善解决，但不管怎么说，销售额依然在下滑。虽然不至于归零，但大概会无限制地一直跌下去吧。现在的处境真的令人越来越头疼啊。杂志和漫画几乎都实现了数字化,那么书籍要如何送到书店里来呢?虽然不想这么想,但果然还是要靠亚马逊吗?

"现在漫画的数字化占据绝对优势,但总有一天会轮到杂志的。我们阻止不了这个趋势。而且还有便利店。"

啊,联想到了便利店吗?很久之前有消息指出,对便利店来说,杂志除了能贡献一部分营收额之外,还发挥着其他的作用。只要在入口处摆上杂志架,就会有顾客站在那里翻阅。从外面看上去会感觉这家店生意很好。因此便利店曾是争夺畅销杂志的市场。从这话可以听出,这个时代已经过去了。

"不久之前,便利店还在努力开发盒饭,现在已经转为拼命开发自有品牌了。"

"因为是自家开发的产品,所以好像利润率非常好。"田中分别给我们举出了全家和7-11便利店的产品案例,但我不是很了解,因为我去便利店都是寄快递、买 *ELGOLAZO* 杂志或缴费之类的。

"你想想,最近在便利店门口都看不到杂志了对吧?他们已经不在卖杂志上花力气了。但便利店的杂志总销售额并没有下跌得很厉害。便利店现在不断地扩张店铺,特别是在大城市里。虽然每个店里的销售额在减少,但店铺的数量在增多。而且便利店的杂志配送和其他商品不同,是由经销商来做的(所以才不会从便利店里清除?)。受经销商委托的卡车司机多了不少麻烦事。因为都要夜间送去便利店,所以很难找到送货司机。

而且店主也不会在利润低的杂志上花力气，这就会导致杂志品类不齐全，顾客也就逐渐不来买了。"

"不过，城镇的小书店接二连三地倒闭，新开的便利店应该可以弥补这一块吧？"

"没错，"田中说，"我家离车站很远，附近一家书店都没有，所以之前一直在便利店购买杂志。小时候，对我来说便利店就是书店。放学回家的时候，都会手里攥着钱跑去买 *Ribon*。不过这都是二十多年前的事情了。"

和永井的这次聊天之后过了没多久，NHK 做了一期特别节目，名为"转型重生的便利店"。首先是面积变大了，添置了一个小的喝咖啡的区域，在入口附近摆满了包装精美的小点心。"真的耶，一定都是利润率高的商品吧。但杂志呢？"仅剩原来的三分之二左右，而且被赶下了"王者的宝座"，但好像还没被打入"冷宫"。节目主持人说，平均一家便利店里的杂志销售额下滑至十年前的60%。而且据说现在全国有55 000家便利店（书店是12 000家左右），几乎所有的日常用品都能在便利店里买到。

至今，日本实体书店的总销售额依然是7-11便利店排第一位，但出版物对便利店而言是利润很低的商品，对受委托的运输公司来说又是个很麻烦的工作，于是出版物渐渐变成了"不受欢迎的商品"。如果杂志和漫画的数字化继续发展的话，便利店终有一天不再是书店。纸质版杂志也会逐渐从读者的视线中消失。

永井继续说道：

"书店正走向没落啊（别嫌我啰唆，这二十年销售额下降了几乎一半，与杂志的销售额几乎是一样的走向），因此店铺之间的距离不断拉大，运输公司不得不绞尽脑汁研究最高效的运送路线，还要担心油钱。"

"关于这一点，我一直觉得经销商就不要再区分为东贩和日贩了，共享同一条运送路线不是挺好吗？"

永井对此给出的答案非常简单：

"因为已经相互竞争了将近七十年（也就是起始于第二次世界大战后不久）。不过最近慢慢开始合作了，但只有一点点啦。"

相互竞争？也就是说关系不好？明明是关乎存亡的问题，明明愿意合作的配送公司越来越少了，明明本来就差不多要被亚马逊轰走了（这是我胡乱说的，希望不要变成现实），难道还不去扶持一下中小型书店吗？它们付给经销商的销售佣金可比亚马逊高哦。一边是辛勤工作、省吃俭用地从微薄利润中抽取高额佣金付给经销商的小规模企业，一边是只支付一丁点佣金、端坐在电脑前的大富豪，到底哪个更值得珍惜呢？我不禁有些愤怒了。

至今为止认为自己操控着出版流通体系的自负去哪儿了？弃卒保车的时候即将来临。总之运输网是出版业的生命线。

可是，如果杂志就这样步漫画的后尘，逐渐数字化的话，杂志、漫画的销售额占总营收额一半以上的小书店会被逼入绝境。因此得赶紧找一条依靠书籍也能存活下去的道路啊。

其中一条路就是最近引发热议的"精品书店",但必须具备优良的地理位置(不在大城市比较难成功)和经营品位。获得成功的店主应该也能做成其他行业,但他们却勇敢地选择了做书店。而且这和以往书店的经营方式不同,是陈列自己"挑选"的"优质书籍"。那么有人会问:以前的书店都不是"自己挑选"吗?我只能这么回答:没错,以往书店的很大一部分都是"经销商支撑起来的"(是很大一部分,但不是全部)。

我觉得必须创造一个整个业界合力支援书店的系统,就像德国的那种隔天配送系统、法国的书店开店补助金制度,还有使书籍消费税低于其他物品之类的。也可以让自治体出台一些政策。

说到自治体,据说日本五分之一的市町村里没有书店。没有书店但也有政府大楼吧。在政府大楼的一角不知能不能开个书店呢?这是我的幻想。也可以是图书馆,但图书馆必须要有一定的空间才行。而书店的话,有10坪就够了。

我一直觉得让孩子看书是至关重要的。机关单位可能对开店没有自信,所以需要出版界的合作。书店以儿童读物为主,可能还需要放点学习参考用书。有很多做儿童读物和学习参考用书的出版社经营多年,所以他们很擅长配合店铺的所在位置来选择货品。当地退休的爸爸妈妈们可以做志愿者店员。因为不摆放漫画和杂志,所以工作不会很辛苦。书店里还可以摆放一些文库本和实用类书籍，来迎合陪孩子一起来的爸爸妈妈们的需求。虽然没有新书和热门书籍，但可以订购。店主在网上订购后，店铺会被标注特殊编码，出版社如果有库存的话，必须优先出货。货到之后，店主再联系顾客来取。

书店业已走进了死胡同，能找到出路吗？

"对对，我们忘了最重要的一点。对杂志来说最重要的问题是广告费的减少吧。"

永井脸上的表情越来越阴沉？不对，话题内容虽然越来越沉重，但永井的眼睛好像在笑。我顺着他的视线望去，只看到护城河里有一对"划船二人组"。是前面说的，女方在划船、男方在拍照的那条船。如此说来，有一本文库本叫《三怪客泛舟记》，记得是丸谷才一翻译的，内容很有趣。我的思绪跳到一些无关的事情上。

"风这么大还划了两个多小时，真是很卖力啊。"田中看着他们说道。

"是被风吹得靠不了岸吧。"永井说。

"应该没问题吧。毕竟就是个小护城河，而且还有这么多人看着。"

"如果真是遇上什么困难，应该会打电话求助吧。"田中说。

没错，比起他俩，还是出版界的现状更严重。

"杂志的利润来自广告。只要是了解业内情况的人都知道这一点。"

没错，这属于常识。《生活手帖》之所以当时成为热议话题，不登广告也是其中一个原因。

"广告费现在都流向了网络，所以就没钱做杂志了。"

只要打开网页，铺天盖地的都是广告。这些原来都是电视、报纸和杂志的赞助商啊。

"我刚进公司的时候，听说在最大的杂志出版社的广告部门工作的职员，会烦恼于如何拒绝登杂志广告的申请。放到现在是绝不可能发生的事情。"真是风水轮流转啊。

嗯……杂志应该会迅速数字化吧。如果广告收入不断减少，就得利用销售收入来制作杂志并获取利润，这样的话，只能选择在制作经费和运输经费上比较不花钱的电子杂志了？但是对那些因为喜欢纸质版的某杂志，才认为电子版有价值的读者来说，他们会愿意付钱吗？也就是在现在这个免费信息满天飞的时代，有几位顾客会付钱购买某个领域的专家所提供的信息呢？

"现在是一个不随身携带物品的时代，很容易向电子方向发展吧。"田中说。结果是我们从广告费的角度探讨了杂志会向数字化方向发展的问题，最终却落到了"断舍离"这个点上。

的确，现在这个时代的人认为"断舍离"是件很酷的事情。而杂志相比书籍来说，大多数都是看完就扔的。

现代人虽然不需要"物品"，但想比别人更快地获取"信息"，而且最好是免费的，为了这个"免费"还甘愿花钱。每月给手机充的话费能买多少本书啊！我陷入无用的自问中。

不管怎么说，杂志业现在身处一片黑暗之中，不断试错。书店则被置之不顾。

我们一边聊着，一边悠哉地吃着午饭，吃完又喝起了咖啡。这时候永井接了个电话。永井先生，其实这是你的上班时间对吧？

"没关系，这也是工作。不过我得回去了。"我又顺着永井的目光望去，只见刚才的"划船二人组"被另一艘船用绳子拉回了停船场。太好了，幸好没在大家的注视下翻船。不过可能是因为难为情吧，只见穿着白色连衣裙的女生迅速跑开了。

我和永井的谈话自始至终围绕漫画和杂志的数字化、亚马逊和流通问题。

虽然有人认为应该学习一下致力于解决亚马逊问题的德国和法国的出版流通形态，但我认为在出版的历史和文化上，日本与德、法两国之间存在根本性的差异。而且德、法两国看不起美国文化，不是吗？相比之下，日本是高喊"美国万岁"的对吧？日本国内自上而下，对至少有七十年以上历史的日美关系一致好评。

我虽然没有详细调查过，但对德、法两国来说，出版物应该是书籍，是传播知识、文化、学问的手段，是属于知识阶层的东西。换句话说就是，价格高是理所应当的。顺带介绍一下，法国的消费税通常是19.6%，而书籍是5.5%（报纸、杂志是2.1%）；德国消费税的大致数据通常是19%，食品等生活必需品、书籍、文具是7%。在这两个国家里，杂志和报纸一样，不属于出版产业，流通也完全是另一个渠道。而日本则是把书籍混在杂志、漫画等"大众之友"的运输网中，呈现出一派"出版兴盛"的景象。而且在日本，出版社普遍同时出版杂志和书籍。

日本"书物的历史"源远流长，可以追溯到一千多年前。江户时期，平民百姓的孩子就能在私塾里学习知识了，大人们也会在工作间隙阅读通俗绘本和小说。不管是在乡村还是城里，都有富裕的慈善家教授学问。大家的手边都有"书物"。据说"百人一首"是大众的日常读物。到了明治、大正时期，读者群逐步扩大，书成了学问、娱乐和信息之友。我觉得，书籍和杂志一直在日本各个阶层人民的身边。

昭和时期经历了美国占领之后，读者群体进一步扩大。因为施行转售制度，所以无论到哪里买书，价格都是一样的。书籍会搭上运送杂志和漫画的顺风车被送往全国各地。碰到书店里没有的书，"只要下订单等一段时间，在哪里都能以同样的价格"买到。

到了平成时期，只要在家里点击一下鼠标，第二天（或第三天）就能收到书了。用积分抵扣还能享受优惠。日本的阅读人口中几乎五分之一都在使用这个方法。这是在已有的流通体制的基础上，瞄准弱点导入新系统，创造出的对自己有利的条件。漫画的数字化几乎是在近五年里取得了迅猛发展，现在所占的市场份额差不多与纸质版相当。如果杂志也跟着这么发展的话，出版流通会变成什么样子呢？

而在书籍方面，听长期负责理工类书籍的矢寺范子说，理工类和医学类的书籍内容都要求实时更新，所以读者现在抛弃了"书"这种更新缓慢的媒体，而把发布在网上的科学杂志作为主要的信息源。因此，出版社也陆续倒闭。大书店里曾兴盛一时的"理工书区"也会逐渐萎缩吧。这种趋势也会出现在经济、法律等同样重视信息更新的领域中，这样一来，大型书店也很难维持下去了吧。纸质书籍也许将迎来一个我无法认同的结果，那就是顾客都觉得有亚马逊真好。亚马逊（Kindle）据说现在几乎垄断整个数字市场。包含纸质书和电子书的整个日本书店市场将会如何发展下去呢？

但现在迫在眉睫的问题是，逐渐被网络驱逐的杂志和不断数字化的漫画销量的下滑，即将导致运输网的瓦解，这也是导致小规模书店倒闭的一个重要原因。另外，重视信息更新的专业类书籍的地位也逐渐被网络取代。小规模书店会为了存活下去而将经营策略转向"以书籍为中心"吗？大型书店会依靠文具和杂货的营收额（也就是同时售卖书籍之外的商品）存活下去吗？有很多大型书店已经开始尝试了。

我询问了几个朋友："你们知道最近要是订购店里没有的书，不管多小的书店都能在三天之内收到货吗？"他们都很吃惊。"不过书店必须和经销商签订合同，东贩是 Bookliner，日贩是 QuickBook，最近好像有很多书店都签了。但前提是经销商有库存，所以能三天内送货的概率最多是70%吧？我估计。"

　　我估计这些朋友都不知道,所以才问的。因为他们都是急性子,而且对自己找书的方法很有自信,所以如果店里没有想买的书时,他们一般不会去问店员。

　　经销商的同志、书店的同志,还有很多人不知道这个情况呢,你们得做做宣传呀。

　　而电商亚马逊蓬勃发展,具体表现为"最大限度地利用网络,把纸质书这种非电子产品卖得很好"(电子书籍先放一边),所以经销商和书店难道不能也利用网络来为增加销量努把力吗?

　　但亚马逊也许已经发展到书店再怎么努力也追赶不上的水平了。

　　前面我提到过,可以向自治体寻求援助,还可以游说政府在提高消费税的时候将书籍的税率设得比一般消费品低一些。如果日本还想让纸质书籍继续存活于人们的日常生活之中,就必须得到政府单位的理解。

　　另外,和书籍关系亲近的报纸、电视能不能联合起来共同斗争呢?毕竟大家都是被网络抢走赞助商的"受害者们"呀。

　　现如今,买东西这个行为是一种生活方式的体现。当然卖东西这个行为也一样。只是"卖"是基于"买"而存在的,反过来不行。我读到作家多和田叶子所描写的,去不熟悉的小书店买书(到达书店后发现是家儿童书店)的场景时,十分有同感。德国有很多知识分子都会做这样的事情,我想为他们鼓掌喝彩。这难道不是文化品质的问题吗？

出版的现状是看不清出路。我是一名书店店员，而且从小书籍就一直伴我左右。我很希望在街上能看到书店。如果一个人从来没读过纸质版书籍，他将如何保存记忆呢？

我看不见未来，连不成熟的预测都做不到。

文库版补记　河出书房新社出版了池泽夏树编辑的"世界"与"日本"的《文学全集》，没想到卖得很好（"日本全30卷"的宣传册上写着：系列累计销售突破45万册！）。也可能是因为编者和译者都是现代人气作家的缘故，但我觉得这个销量势头能一直坚持到最后的《源氏物语》（角田光代译）出版。我将为此拍手喝彩。

大家可能都会觉得，这么说来好久没见过文学全集了。我想有很多爱读书的成年人，都曾在小时候沉迷于家里放着的那套沉甸甸的文学全集吧。在这个"断舍离"的时代能存活下来，我希望现在的孩子们也能读读它。这就是纸质书籍所能发挥的巨大作用吧。

书店不屈宣言

（我们依然斗志昂扬）

　　本书是基于一次次的访谈内容梳理而成的，访谈对象除了淳久堂书店池袋总店的同事们以外，还有2009年宣布与淳久堂合并经营的丸善丸之内总店的店员，从1976年开始一直干了近二十年的 LIBRO 池袋总店的店员，以及和书店店员性质稍有不同的日本出版基础建设中心（JPO）的董事（现为顾问）。受访者与我的交情虽然或深或浅，但我了解他们每个人的脾气，所以比较容易引导他们吐露真心话。这也许是得益于我在书店里的地位吧。不过，我想大家在读完这本书后都能理解，即使有许多其他更有名的书店和更有名的店员，但毋庸置疑，无名而耿直的书店店员的人数更加庞大。在本书中登场的每一个人都真正奋战在书店的最前线。访谈结束后，我感到十分荣幸能听到"恰巧在那儿的他们"对"书"和"书的未来"的深度思考。我深信日本是被这些无名却优秀的小草们支撑起来的。

　　我还想举出一个他们之间的共通之处。他们一心一意地希望并选择从事与书籍相关的工作，而进入职场后，他们从每日的工作中发现这里并不是"期许之地",但即便如此,他们还是觉得"书店的工作很开心"并孜孜不倦地坚守在岗位上。

他们是从什么时候开始意识到书店不是"期许之地"的呢?不,在问这个问题之前首先要弄清,我们认为的期许之地应该是怎样的呢? 我觉得用一句话来概括应该是,非常单纯的、能让人怀着自豪感工作的地方。我依据长年面试新进员工的经验猜测,他们是因为喜欢书,并且相信这是一份能亲手把书送到同样喜欢读书的顾客手中的工作,所以才选择了书店店员这个职业的。

他们肩负传递书籍的职责。神户大地震之后,他们拼命努力,促使三宫店重新开了张,后来有顾客跑来跟他们说"谢谢",令他们十分高兴。还有新宿店关店的时候,有顾客一同扼腕叹息,并对他们说"谢谢你们一直以来的陪伴",这也令他们欣慰。东日本大地震那会儿也是如此。他们在工作的过程中经历了很多这样的事情,这使得他们自然而然地觉得,对工作怀有自豪感就是对顾客表达感谢的最好方式。明明不是自己创造出来的东西,明明只是进货再卖给别人,却会感到"自豪"!"书"这个东西具备一种什么不可思议的力量呢?

可究竟是从什么时候开始的呢? 应该还是从亚马逊登陆日本(2000年11月)开始的吧。现在,认为书不必去书店购买的读者正急速增加。

我们所以为的"期许之地",在读者看来"并非如此"。这种思维上的差异愈发明显。到去年为止一直会光顾的客人，不知从何时起不再来了。去年的客流量也不及前年。这种现象持续了好几年，并还会持续下去。

日本的出版物采用转售制度，所以不管在哪里购买都是一样的价钱。以前要是决定了买什么书，不必特意花钱坐车去买。因为家附近就有书店，或者上班、上学的路上就有书店。但现在这种情况越来越少，因为家附近的、车站周围的书店都陆续倒闭了。

我们这些书店店员每天坚持的工作，也许老早就到了一个转折点。但是不是到了转折点，还需要读者们来做出判断吧。不对，也许他们已经做出了判断。可是，不甘放弃的我还是希望读者们能了解，我们每天做的工作是什么，以及为什么我们能坚持做下来。因此我写下了这本书。

然而，我的内心依然焦虑。光靠我记录下现状，能改变什么呢？

就在前几天，尾竹清香突然跑过来。我还以为出了什么事，结果她说：

"田口前辈，听我说。两位女高中生（看着像）像这样拿起一本诗集，然后说：哎，还是在亚马逊上买吧。说完就掏出了手机。"

啊，已经到了这种程度啦。想买诗集的人应该都是喜欢看书的吧。看来已经于事无补了。但还是得想想解决对策。

文库版追记　在写单行本的时候，"上亚马逊买"的情况还不大常见，但在三年后的今天已是家常便饭。

我只能想出一些听上去很厉害，但很难实现的办法。不过，这些办法对于遏制出版流通的状况继续恶化应该是有效的。但对于已经在不断减少的书店来说却……

所谓看上去很难实现的办法是什么呢？

我们日本人必须齐心合力开出一家"超越亚马逊的线上书店"。

集合出版社、经销商、书店的力量，在网上创立超大型书店。

东贩、日贩（还有一些小规模的经销商，比如大阪屋，但由于太过烦琐，本文所说的经销商仅指两大经销商）各自都有两个网站，一个针对消费者个人，一个针对书店业务。我们可以合并这四个网站。消费者在订购的时候，可以选择是直接送到家里，还是去书店取。当然还可以像现在一样，在书店里订购和取货，但顾客也可以选择把书送到家里。

在这个流程中，如果顾客是在书店订购的话，与该书店合作的经销商将收到订单。如果是个人在网上订购并要求送货到家的情况，会怎么处理呢？请大家思考一下。我觉得可以让大阪屋专门来处理这类订单，但大阪屋和亚马逊之间有不浅的因缘。

问题在于送到顾客家里的运费。大家都知道，亚马逊基本都是免运费的。现在各经销商在运费上是如何定价以达到收支平衡的呢？我作为一个外行，能想到的是经销商或许可以利用遍布全国的运输网把书送到各地（各县町村）的快递点吧？这样就能抵补一点运费？不过，要是算上中转费的话可能还是不行吧？

在新设立的网站上，要注明"日本书籍出版协会（通称书协，主要出版书籍的出版社联盟）公认"（虽然注不注明都可以）。还必须在首页上写明"选择到附近书店取货可获得积分"。一定要有积分啊。这一点很重要。

如果只做到这个程度是超越不了亚马逊的。因为不卖书以外的商品，也没有二手书网站，积分也无法像亚马逊那样给很多，运费也可能不免。

亚马逊的弱点是"人"，创设它的只有"坐在电脑前操作的人"。

而"有血有肉的人"创设的线上书店，首先不会是一个单纯的电商网站，而会用一种编辑杂志的感觉来运营。所以如果招聘优秀的杂志编辑来做的话，应该不费吹灰之力。只要把电商网站放在杂志编辑的主要位置上就行。

书店也必须不遗余力地协助网站的制作。不光要把书店的推特放上去，还需要更积极的参与空间。就算书店不助力，只要创建一个大的线上书店，启动书店取货系统的话，应该会给全国的书店销售额带来很大的影响吧。自然也会出现一些质疑的声音：为什么要创建这个网站？因此这个网站必须对双方都有好处。那要如何创造出双方的利益呢？

我们能不能创建一个让读者看见"日本的出版和编辑能力"的网站，而不仅仅停留在"电商网站"？这样的话，访问网站的读者就能注意到实体书店的魅力，产生"原来附近还有这样的书店啊，下次要去看看"的念头。不，读者不会如此天真，书店还是会继续减少吧。

话说回来，为了对抗二十年来一直赖着不走、发挥着巨大力量的异国怪兽，我们创造出一头哥斯拉真的好吗？而且最终肯定要付出"书店愈发减少"的代价。老实说："我不知道。"

最后，虽然我说了很多年，但还是希望卖给书店的书的价格能再便宜点。因为经销商也兼零售商，所以应该能把富余的利润运作给书店吧。我们不提德国和法国，至少进货价不能是定价的70%吧？这样就能弥补一点在杂志和漫画上的亏损了。最终应该可以稍微阻止一下书店的破产吧。

我所能想到的，只要是出版相关人士都应该能想到。所以肯定是有很多无法实现的理由吧。

所以要想一个更现实的方案。首先从小的方面开始。

这个方案只限于大城市，那就是扩大东京都内书店集团从好几年前就建立的书店之间的网络。也就是说，如果店里没有顾客要找的书，可以查询附近的书店。这让我回想起 LIBRO 还

218

在附近的时候，两家店有很多来往，但现在毫无联络。

以法国为例，法国政府（无论是执政党还是在野党）把书籍理解为"不同于其他商品的文化产物"，坚决不愿将出版和书店交给一家巨型企业。而日本好不容易才开始向"一家巨型企业"征收消费税。从这一点也可以看出，日本政府的应对方式与法国政府比起来，差别还是很明显的。这个差别源于文化的差异，以及对美政策的不同，这些确实难以改变，但我十分羡慕法国。

不过，即使日本政府紧贴美国，地方自治体也许会灵活处理。前面已经说过好几次，不过这里还要再啰唆一遍，我想借用"公家"的力量，在没有书店的自治体设立书店，就算很小也行。这是我最希望出版界努力实现的。交涉应该需要花不少力气，但经销商和出版社做好向前迈出一步的心理准备了吗？

我还听说，最近几年有一些小规模、新形态的书店零星开张，称为"精选书店"。店里不卖杂志和漫画，这反而吸引了顾客。每一本书都是书店自己选出来的。他们成功的案例也许能一点点瓦解业界的陈旧特质。如今，对出版社和经销商来说，想方设法"与亚马逊共存"才是生存下去的策略，但灵活对待想要创建新型书店的新加入者，也开辟了另一条新的生存之道，虽然还是一条细窄的巷子。

和我在一起工作的年轻店员们每次说"我从小就喜欢看书"

的时候，我都会想，正是因为身旁有"书"，才会养成看书的习惯。就算他们没成为书店店员，也会成为买书的顾客吧。我们能不能创造出不同于亚马逊的日本独有的"顾客至上"的文化呢？能不能让读者说出那句"还是想看纸质版的书"呢？

单行本后记

　　本书的主人公基本都是在淳久堂工作的员工们，以规模和营收都是一流水准的大型连锁书店为舞台。但书籍类别各种各样，我想读者能理解他们是在各自的岗位上工作。而且，本书中出现的书籍类别只占全部类别的一半。之所以会选择写他们，我承认一部分原因在于他们就在身边，便于采访，但我还希望读者能感受到日本的书店支撑着出版文化的多样性。为了写这本书，我还稍微调查了一下全世界的书店情况，发现日本的书籍种类出乎意料地多。我想这就是能让我们引以为豪的"多样性"。读者如果能了解这个情况，我将无比高兴，接受我采访的忘年交们一定也会很高兴。

　　仔细想来，能利用每天接触的"工具"来传达我们的想法，实在是件幸福的事情。我想把这份感激传达给所有在全国努力工作的书店店员。

　　写在最后。

前几天坐在电车上的时候，旁边一位看起来将近四十岁的男性捧着一本书在看。最近很少在电车上看到有人读 A5 大小的厚书了。书外面包着薄薄的一层白色书皮，不太能看清封面。不过我又偷瞄了一眼，发现版面设计很棒，如今还能这么认真做设计的是谁呢？我定睛看了看标题，是《思考的人们 这十人激荡的思想》（入泽美时，双叶社，绝版）。

我忍不住想和他搭话——

"入泽美时五年前去世了，是我非常珍重的朋友。他说要出日本第一的书，所以在这本书里倾注了全部心血。他采访了纲野善彦、森山大道、吉本隆明等人，并认真地编写。谢谢你读它。"

许多情感涌上心头，难以言表。电车驶入月台，那人下了车。虽然没和他攀谈，但当时的感觉至今存在心底。

"书"真是个很好的记忆装置。

文库版后记

淳久堂池袋总店在2017年8月28日迎来了开店二十周年纪念日。

第二次世界大战后，日本的书店几乎是每二十五年发生一次改变。从1953年施行转售制度开始算起的第一个二十五年，在车站附近和商业街上大部分是个体经营的小书店，主要销售教科书，与当地居民联系密切。第二个二十五年从20世纪70年代后期开始，连锁书店进驻主干道边的中大型商场和车站大厦，商圈向外扩大。几乎在同一时期，大城市里出现了大型书店（LIBRO是1975年，淳久堂是1976年）。商圈进一步扩大，经营方式也从个人逐渐转为企业主导。之后是第三个二十五年，20世纪90年代中期经历了泡沫经济的破灭，出版市场不断萎缩，2000年年底线上书店亚马逊带着电子书登陆日本，席卷了日本市场。第四个二十五年（从临近2030年开始算起）会变成一个什么样的市场呢？纸质的书籍形态还会存在吗？

池袋店在第三个二十五年中的1997年（2001年面积扩大为

两倍），几乎与亚马逊同时期，利用长尾效应，用收集那些市面上很少见的书籍来招揽顾客这一战略，以从神户发祥的大型连锁书店的身份进驻了东京。从几乎同时期且利用长尾效应这一点来看，也许淳久堂和亚马逊可算是同父异母的兄弟，虽然在资金上二者有着天壤之别。

1997年开店那会儿，出版市场还处于完全冷却的前夕。不过很幸运的是，我们在距离池袋车站步行几分钟的黄金地段，用书店能支付得起的房租租下了一栋十层的新大楼。实际上，房东后藤文男在继承家业之前，是某铁路杂志的编辑。我听说他一直殷切希望能在自己公司的大楼里开一家书店，而且最好是日本最大规模的书店。之后他邂逅了在神户遭遇地震灾难，也殷切希望能在东京开一家日本最大规模的书店的淳久堂老板。如今发展为日本一流规模的淳久堂也有一段"创业故事"。

就这样，我们创立了淳久堂池袋总店。二十年后的今天，我们依然在努力。每天都会有新书出版，周围的社会环境也在不断发生改变。因此，与社会紧密相关的书区也必须改变编排方式。我们一直坚持在做设计书区的工作，书店里的书区永远是未完成状态。我将这"未完成的现场"写成了《书店不屈宣言》。如果读者们能通过这本书，了解到我们创建的书店以及我们的境遇，我会非常开心。如果能连带前作《书店繁盛记》（2006年，现 Poplar 文库）一起阅读的话，我将无比欣慰。

池袋总店开张差不多十周年的时候，我写了《书店繁盛记》，如今二十周年之际又出版了文库版的《书店不屈宣言》。这期间日本书店身处的环境的变化，映射出日本的现在。如果读者能体会到这一点的话，我觉得这归功于在这两本书中接受采访的"他们"炽热的感受力。由衷感谢各位。

长长的补记 作为这二十年来的路标，也作为思考"今后如何经营书店"的契机，从6月1日到11月底，我们举办了一个名为"书的故事"的长期活动。

如今哪个书店都人手不足，即便如此，我们还是想方设法筹措人员，最终成立了一个三人团队来筹备这项活动。我们在六楼的一个6坪左右的空间里，举办了名为"媒体身份的书店"的书展，挑选并陈列出400本左右与书籍、出版以及书店相关的作品。我们还弄了一个"书店店员用书描绘现代日本"的书区，由员工（合同工自愿参加）从自己负责的类别中选出"三本能表现当今日本的书"，并把选书理由写在海报上。我故弄玄虚地说："看，这个书区能表现出当今日本的精髓对吧？"大家听后都很积极地配合。这里请允许我炫耀一下，东京大学某位老师好像在推特上赞扬说："这就是书区的极致表现。"但是这个书区没能给销售额带来什么积极影响。还是与"书"相关的书展带来的收益大一些。

五月的时候，有三位员工休完产假回来上班，作为新成员加入了筹备团队。我们当时游说她们说，这项工作是个很好的过渡。但她们在筹备活动的同时还有自己的本职工作要做，所以负担还是挺大的。到了七月后，工作量大到应付不过来，所以又增加了三人。全体员工中共有八位妈妈，其中六位在这个团队里。

自8月1日至9月15日，在九楼的活动区域（其间举办了"出版二十年史"的图片展和池袋店的照片展等），我们每天都忙个不停。除了座谈会，还有书店相亲、读书会、一箱旧书集市、书店游览（福冈伸一教授亲自做向导）、小说写作教室、育婴教室、将棋教室等活动，"小猫丹丹（nontan）"也来了，还有七场出版论坛……最后以柴田元幸老师的座谈 & 朗读会画上句号。这是漫长的46天。几乎每个员工都至少参与了一次企划的运营。我们还在漫画区举办了"我与池袋总店"的海报设计展，500多名漫画家为我们亲笔作画。感谢各位老师。他们还画了一些可以放在身边留作纪念的作品，比如纪念书皮（石井良树）、楼层地图（斋藤加奈）和书签（千海博美）。

大型书店应该发挥什么作用？我们思考了二十年。虽然这个企划表达出了一些，但也有没能表达的部分，总之我深切体会到"行动"的重要性。

在此感谢负责制作手册、宣传板、邀请函等用品的每一位成员，感谢参与选书和活动的众多员工，尤其是筹备团队的女性成员。特别感谢两位代表成员：一位是安齐千华子，她在休息日为了工作将五岁的孩子寄放在托儿所；另一位是井手由美子，她在夜里11点还在发送邮件。这九个月来真的辛苦了。我每次想起那些妈妈员工们为了赶去托儿所接孩子跑出书店的背影，都由衷祈祷当她们的孩子为人父母时，书店还依然存在，他们的孩子还能央求说"我们去书店嘛"。

著作权合同登记号桂图登字:20-2022-064号

图书在版编目(CIP)数据

书店不屈宣言/(日)田口久美子著;季珂南译.—桂林:广西师范大学出版社,2022.8

ISBN 978-7-5598-5119-2

Ⅰ.①书… Ⅱ.①田… ②季… Ⅲ.①书店-研究-日本 Ⅳ.①G239.313.3

中国版本图书馆 CIP 数据核字(2022)第 104110 号

书店不屈宣言

SHUDIAN BUQU XUANYAN

出 品 人:刘广汉　　　　　策划编辑:刘　玮
责任编辑:刘　玮　　　　　助理编辑:陶阿晴
封面插图:千海博美　　　　装帧设计:李婷婷　王鸣豪

广西师范大学出版社出版发行

(广西桂林市五里店路9号　　　邮政编码:541004)
(网址:http://www.bbtpress.com)

出版人:黄轩庄

全国新华书店经销

销售热线:021-65200318　021-31260822-898

山东韵杰文化科技有限公司印刷

(山东省淄博市桓台县桓台大道西首　邮政编码:256401)

开本:787mm×1 092mm　1/32
印张:7.5　　　　　　　　字数:148 千字
2022 年 8 月第 1 版　　　2022 年 8 月第 1 次印刷
定价:59.00 元

如发现印装质量问题,影响阅读,请与出版社发行部门联系调换。